Axel
Bark

# Terre—
# strische
# Navigation
# Übungen
# und
# Aufgaben

W0230876

Delius Klasing Verlag

**Von Axel Bark erschienen
im Delius Klasing Verlag folgende Titel:**

*Segelführerschein BR + Sportbootführerschein See
Segelführerschein BK
Terrestrische Navigation – Übungen und Aufgaben
Kollisionsverhütungsregeln – Für den Sportschiffer
Seeschiffahrtsstraßen-Ordnung – Für den Sportschiffer
Sportbootführerschein See*

**Zur Schreibweise**

**1** Um Verwechslungen zu vermeiden, schreiben wir Kurse und Peilungen stets mit drei Stellen, also beispielsweise 001° oder 097°.

**2** Ost kürzen wir stets mit **E**, nicht mit O ab, das allzu leicht mit Null verwechselt wird. E kommt vom englischen **East**.

**3** Geographische Längen werden stets zweistellig, geographische Breiten stets dreistellig angegeben, also z. B.: $\varphi = 54° 30'$ N; $\lambda = 010° 16{,}5'$ E.

**4** Mißweisung und Deviation werden stets zweistellig bezeichnet, also beispielsweise: 04°.

**10. Auflage**

Die Deutsche Bibliothek – CIP-Einheitsaufnahme

**Bark, Axel:**
Terrestrische Navigation: Übungen und Aufgaben/Axel Bark.
[Graph. Gestaltungen und Zeichn.: Françoise Pierzou].
– 10. Aufl. – Bielefeld: Delius Klasing, 1992
   ISBN 3-7688-0735-5

© Delius, Klasing & Co. Bielefeld
Alle Rechte der Verbreitung einschl. Film, Funk und Fernsehen sowie der Fotokopie und des auszugs-weisen Nachdrucks vorbehalten.
Die Übernahme auch kurzer Textstellen ist selbstver-ständlich nur mit genauer Quellenangabe gestattet.
Printed in Germany 1992
Graphische Gestaltung und Zeichnungen:
Françoise Pierzou
Einband: Siegfried Berning

Ausschnitte aus der amtlichen nautischen Literatur werden mit freundlicher Genehmigung des Bundesamt für Seeschiffahrt und Hydrographie (BSH) wiedergegeben.
Die Tabelle *Höhenwinkel in Minuten* wurde mit freundlicher Genehmigung dem Sammelwerk *Fulst, Nautische Tafeln* entnommen.

Druck: Kunst- und Werbedruck,
Bad Oeynhausen

# Zu diesem Buch

Der Wunsch nach einer für den Sportschiffer geeigneten Aufgabensammlung zur terrestrischen Navigation war der erste Anlaß zu diesem Buch. So haben wir in Teil 2 (Seite 64 ff.) zehn durchgehende Navigationsaufgaben unterschiedlicher Schwierigkeit, wie sie in theoretischen Prüfungen oder der Praxis vorkommen können, zusammengestellt. Ihre detailliert ausgeführten Lösungen finden sich in Teil 3 (Seite 75 ff.), wobei jeweils ein Kartenausschnitt das Ergebnis der Kartenarbeit wiedergibt.

Doch „Terrestrische Navigation – Übungen und Aufgaben" ist mehr als eine herkömmliche Aufgabensammlung. Denn im 1. Teil dieses Buches befindet sich eine Zusammenstellung thematisch geordneter Übungen. Das heißt, wir haben die Materie der terrestrischen Navigation in 12 Problemkreise aufgeteilt – angefangen bei der Bezeichnung des „Schiffsortes" bis hin zu „Peilungen bei Abdrift oder Strom". Jeder dieser 12 Abschnitte beginnt mit einer knappen, aber präzisen Kurzfassung eines Teilproblems zur Wiederholung und wird fortgesetzt mit speziellen Übungen zu diesem Problem und ihren Lösungen. So kann jeder vor einer Prüfung für den Sportbootführerschein See oder den Segelführerschein BR, für das Sportseeschifferzeugnis oder den BK-Schein – und natürlich auch danach – gezielt seine speziellen „Wissenslücken" schließen.

Ohne jede navigatorische Kenntnis sollte dieses Buch allein nicht verwendet werden; es dient vielmehr als Ergänzung zu navigatorischen Lehrbüchern, in denen das praktische Üben in der Seekarte zu kurz kommen muß. Wir möchten deshalb an dieser Stelle auf die ausführliche Behandlung der meisten Probleme in unserem Lehrbuch „Segelführerschein BR + Sportbootführerschein See" verweisen.

Noch ein Wort zur Arbeitsgenauigkeit: Wir halten es für wenig sinnvoll, auf Zehntel Grade genau rechnen zu wollen. Zu sehr weicht die Praxis etwa des Steuerns bei Seegang von derartigen Vorstellungen ab. Um andererseits zu große Variationen in den Ergebnissen zu vermeiden, haben wir Kurse, Deviationswerte etc. soweit wie möglich auf ± 0,5° genau abzulesen bzw. zu interpolieren versucht.

Alle Übungen und Aufgaben sind in der Seekarte D 30 zu lösen („Kleine Berichtigungen" bis zum 20. 4. 1990), die bei den Amtlichen Vertriebsstellen des DHI als Übungskarte verkauft wird. Die wiedergegebenen Kartenausschnitte sind also nicht als Arbeitsunterlage gedacht, sondern dienen lediglich Ihrer Kontrolle.

*Axel Bark*

# Inhalt

# Teil 1: Übungen

# 1 Der Schiffsort

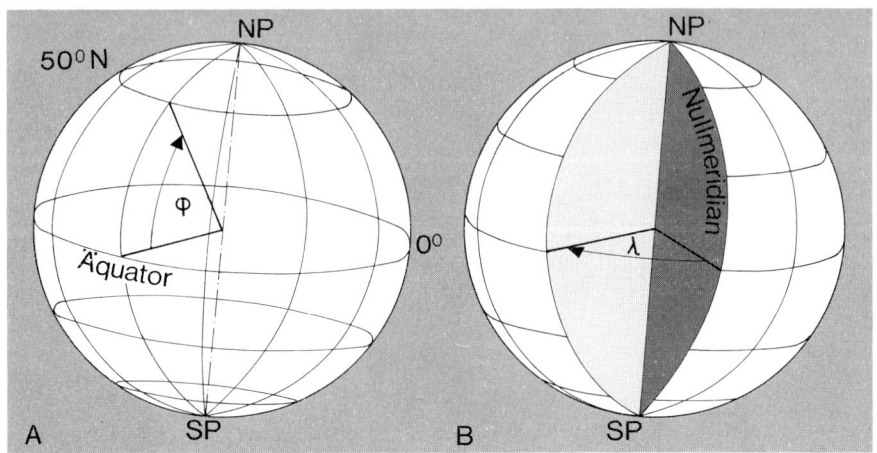

**Merke:** Der Schiffsort (= Position) wird angegeben durch seine
- geographische Breite φ und
- geographische Länge λ .

Hierbei ist die **Breite** φ gleich dem am Erdmittelpunkt gemessenen Winkel zwischen Äquator und unserem Standort (Abb. A). Am Äquator ist φ also 0°, an den Polen 90°.
Bei uns haben natürlich alle Orte nördliche Breite, da sie nördlich vom Äquator liegen; südlich des Äquators findet man Orte südlicher Breite.

Die **Länge** λ ist der Winkel zwischen dem durch Greenwich verlaufenden Nullmeridian und dem Meridian des Standortes − gemessen an der Erd-achse (Abb. B). Der Nullmeridian selbst hat also eine geographische Länge von 0°.
Östlich vom Nullmeridian hat man Orte östlicher Länge, westlich davon Orte westlicher Länge.

**Zum Beispiel:** *Die Position des Leuchtturms Kiel lautet:*
*φ = 54° 30′ N; λ = 010° 16,5′ E.*

**Merke:** Gelegentlich wird eine Position auch nach **Peilung und Abstand** zu einem bestimmten Objekt hin gemessen. Hierbei mißt man die Peilung rechtweisend von See her.

**Zum Beispiel:** *Unsere Position an der Tonne Stollergrund N liegt zum Leuchtturm Kiel in 136° −3,8 sm.*

Entfernungen auf See werden in **Seemeilen (sm)** gemessen.
          1 sm = 1,852 km
          1/10 sm = 185,2 m = 1 Kabellänge (kbl)
In der Seekarte können wir Distanzen an den seitlichen Kartenrändern (nie am oberen oder unteren Rand!) an den dort angetragenen Breiten-minuten ablesen.

# Übungen

**1** Auf welcher Position liegen folgende Seezeichen: Welche Information kann man über das Seezeichen der Karte entnehmen?

a) Tonne *Stollergrund N*
b) Leuchtturm *Vejsnäs Nakke*
c) Leuchtturm *Schleimünde*
d) Tonne *Fehmarnsund*
e) Leuchtturm *Friedrichsort*
f) Leuchtturm *Keldsnor*

**2** Trage folgende Positionen in die Karte ein! Bei welchem Seezeichen liegen sie?

a) $\varphi = 54° \ 27,3' \ N$; $\lambda = 010° \ 28' \quad E$
b) $\varphi = 54° \ 35,9' \ N$; $\lambda = 011° \ 09' \quad E$
c) $\varphi = 54° \ 31,4' \ N$; $\lambda = 010° \ 21,8' \ E$
d) $\varphi = 54° \ 24,2' \ N$; $\lambda = 011° \ 18,7' \ E$
e) $\varphi = 54° \ 34,1' \ N$; $\lambda = 010° \ 35,6' \ E$
f) $\varphi = 54° \ 51,2' \ N$; $\lambda = 009° \ 59,3' \ E$

**3** Wie lauten die geographischen Koordinaten vom

a) Nordpol,
b) Schnittpunkt zwischen dem Äquator und der Datumsgrenze,
c) Südpol,
d) Schnittpunkt zwischen dem Nullmeridian und dem durch Leuchtturm *Kiel* laufenden Breitenparallel?

**4** Welche geographische Breite bzw. Länge haben Orte, die von *LT Kiel* aus genau

a) nördlich,
b) östlich,
c) südlich,
d) westlich liegen?

**5** Wie weit entfernt ist von *LT Kiel*

a) Tonne *Stollergrund N*,
b) Leuchtturm *Schleimünde*,
c) Leuchtturm *Flügge* auf Fehmarn?

**6** Wie weit entfernt ist Leuchtturm *Kalkgrund* ($\varphi = 54° \ 49,5' \ N$; $\lambda = 009° \ 53,3' \ E$) von

a) Leuchtturm *Vejsnäs Nakke*,
b) Heultonne *Breitgrund S*,
c) folgender Position:
   $\varphi = 54° \ 40' \ N$; $\lambda = 010° \ 20' \ E$?

**7** Wieviel Seemeilen ist der Äquator vom Nordpol entfernt — wenn man von der Kugelform der Erde ausgeht?

# Lösungen

**1** Breite und Länge eines Ortes werden mit dem Zirkel ermittelt: Wir messen den Abstand zum nächstgelegenen Meridian oder Breitenkreis, wobei das angelegte Dreieck die Genauigkeit erhöht (Abb. A).

a) $\varphi$ = 54° 32,8′ N; $\lambda$ = 010° 12′ E
Schwarz-gelb waagerecht gestreifte Tonne, 2 schwarze Kegel mit Spitzen nach oben als Toppzeichen, unbefeuert, Nordtonne im Kardinalsystem.

b) $\varphi$ = 54° 49,1′ N; $\lambda$ = 010° 25,6′ E
Unterbrochenes Feuer mit rotem, grünen und weißen Sektoren, Tragweite weiß 7 sm, rot und grün 4 sm, Wiederkehr 5 Sekunden.

c) $\varphi$ = 54° 40,3′ N; $\lambda$ = 010° 02,3′ E
Blinkfeuer in Gruppen zu 3 mit weißem und roten Sektoren, Wiederkehr 20 Sekunden, Tragweite weiß 12 sm. Der Leuchtturm ist ausgestattet mit:
Sichtweitenmeßgerät
Lotsenhaus
Lotsenversetzstelle
Nebelschallsignal
Warnsignalstelle

d) $\varphi$ = 54° 22,6′ N; $\lambda$ = 011° 10,7′ E
Rot-weiß senkrecht gestreifte Tonne mit weißem Gleichtaktfeuer, Wiederkehr 8 Sekunden, roter Ball als Toppzeichen.

e) $\varphi$ = 54° 23,5′ N; $\lambda$ = 010° 11,7′ E
Leitfeuer mit Nebelschallsignal, Sichtweitenmeßgerät und folgenden Kennungen (von Stb nach Bb des Fahrwassers):
Blitzfeuer in Gruppen zu 3, grün
Blitzfeuer in Gruppen zu 3, weiß
Unterbrochenes Feuer, weiß
Festfeuer, weiß
Blitzfeuer in Gruppen zu 2, weiß
Blitzfeuer in Gruppen zu 2, rot
Größte Tragweite 18 sm, kleinste Tragweite 6 sm

f) $\varphi$ = 54° 43,9′ N; $\lambda$ = 010° 43,3′ E
Blitzfeuer in Gruppen zu 2, Wiederkehr 20 Sekunden, mit teilweise (durch Land) verdecktem Sektor, Tragweite 25 sm. Nebenfeuer: unterbrochenes Feuer mit weißem, rotem und grünem Sektor, Wiederkehr 5 Sekunden, Tragweite weiß 12 sm, rot und grün 9 sm.

Beachte, daß der genaue Ort einer Tonne durch den kleinen weißen Kreis an der Basis des Symbols angegeben wird (Abb. C)!

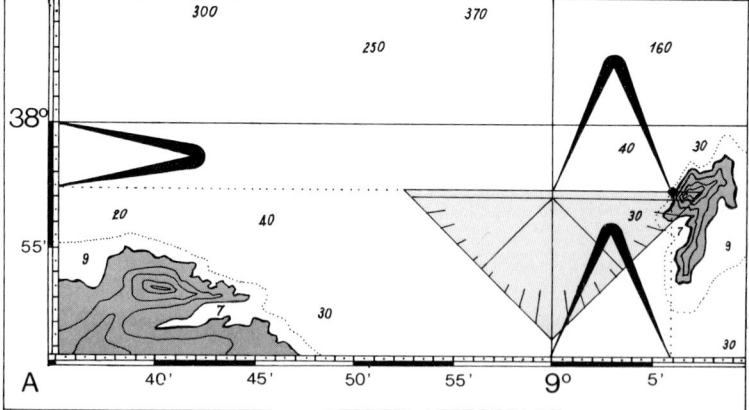

**4**
a) $\lambda$ = 010° 16,5′ E
b) $\varphi$ = 54° 30′ N
c) $\lambda$ = 010° 16,5′ E
d) $\varphi$ = 54° 30′ N

**5**   Da eine Seemeile einer Breitenminute im Bogenmaß entspricht, nimmt man eine gesuchte Distanz in den Zirkel und mißt sie am seitlichen, nie am oberen oder unteren Kartenrand (Abb. B).
Beachte, daß die Eigenart des Merkatorentwurfes verlangt, Entfernungen auf Überseglern möglichst auf der jeweiligen Mittelbreite abzugreifen!

a)   3,8 sm
b) 13,2 sm
c) 26,2 sm

**6**
a) 18,7 sm
b)   6,5 sm
c) 18,1 sm

**7**   Wie wir eben gesehen haben, werden Seemeilen am seitlichen Kartenrand abgegriffen, denn eine Seemeile entspricht einer Breitenminute im Bogenmaß. Die Frage lautet also: Wieviel Breitenminuten sind es vom Äquator zum Nordpol?
90° = 5400′ = 5400 sm

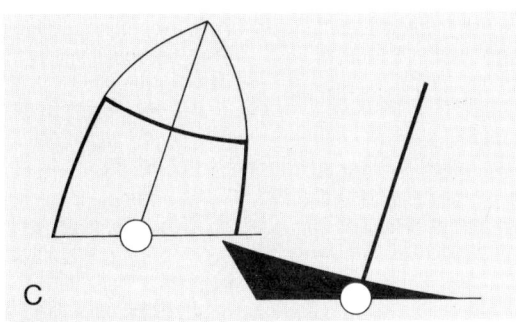

C

**2**
a) Warngebiet-Tonne T 5
b) Großtonne *Fehmarnbelt*
c) Tonne *Gabelsflach O*
d) Leuchtturm *Staberhuk*
e) Heultonne KO 3 *Kiel-Ostsee-Weg,*
   unterbrochenes Feuer
f) Leuchtturm *Kegnäs*

**3**
a) Nordpol: $\varphi$ = 90° N
   Die Längenangabe kann unterbleiben, da jeder Meridian von den Polen ausgeht.
b) $\varphi$ = 0°; $\lambda$ = 180°
   Hier ist die Angabe N/S bzw. W/E nicht erforderlich!
c) Südpol: $\varphi$ = 90° S
d) $\varphi$ = 54° 30′ N; $\lambda$ = 000°

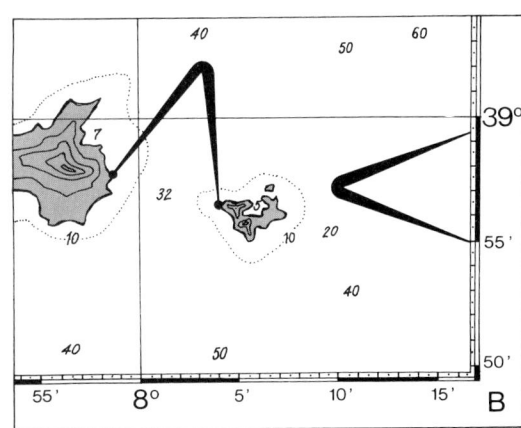

# 2 Der Kurs

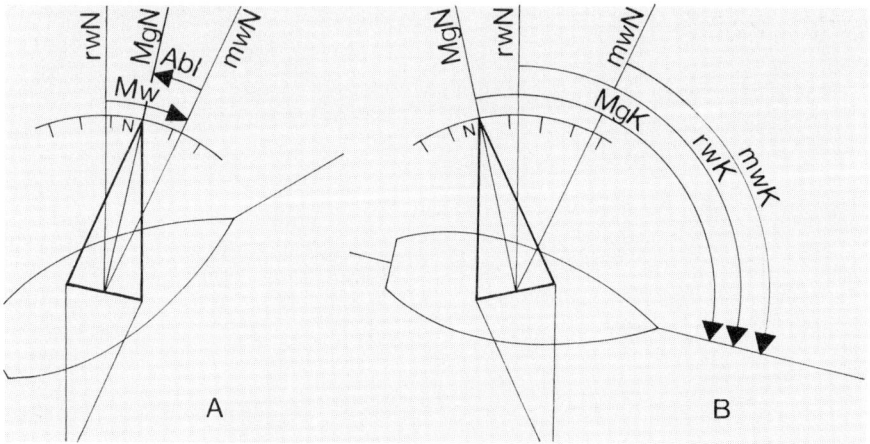

A          B

**Merke:** **Der Kurs ist die Richtung, die ein Schiff läuft.**
**Er wird mit einem Winkel angegeben, und zwar dem Winkel zwischen der Nordrichtung und der Rechtvorausrichtung (Abb. B).**

Man unterscheidet:
- **Rechtweisender Kurs (rwK)** ist der Winkel zwischen rechtweisend Nord (rwN) und der Rechtvorausrichtung. Wir können ihn unmittelbar der Seekarte entnehmen, wenn weder Abdrift noch Strom herrscht.
- **Mißweisender Kurs (mwK)** ist der Winkel zwischen mißweisend Nord (mwN) und der Rechtvorausrichtung.
- **Magnetkompaßkurs (MgK)** ist der Winkel zwischen Magnetkompaß-Nord (MgN) und der Rechtvorausrichtung. Er wird am Steuerkompaß abgelesen.
- **Mißweisung (Mw)** oder Variation ist der Winkel zwischen rwN und mwN (Abb. A). Ihre Größe entnehmen wir der Seekarte, denn sie ändert sich von Ort zu Ort. Außerdem müssen wir ihre jährliche Änderung berücksichtigen.
- **Ablenkung (Abl)** oder **Deviation** (Dev) ist der Winkel zwischen mwN und MgN (Abb. A). Ihre Größe entnehmen wir der Deviationstabelle (vgl. Seite 99), denn sie hängt vom jeweils anliegenden Kurs ab.

**Zum Beispiel:** Wir unterscheiden die folgenden 2 Grundaufgaben:

a) Gegeben ist MgK = 110°.
   Gesucht ist der rwK. Mw = −04°.

b) Gegeben ist der rwK = 263°.
   Gesucht ist der MgK. Mw = +03°.

Dann rechnen wir:

| MgK | 110° |
|---|---|
| Abl | + 08° |
| mwK | 118° |
| Mw | − 04° |
| rwK | 114° |

Dann rechnen wir:

| rwK | 263° |
|---|---|
| entg. Mw | − 03° |
| mwK | 260° |
| entg. Abl | + 07° |
| MgK | 267° |

**Merke:** Vom „falschen" Kurs zum „richtigen" Kurs mit „richtigem" Vorzeichen!

**Merke:** Vom „richtigen" Kurs zum „falschen" Kurs mit „falschem" (= entgegengesetztem) Vorzeichen!

# Übungen

**1** Gib folgende Kurse in Grad an:

a) Ostkurs
b) SW-Kurs
c) Nordkurs
d) ESE-Kurs
e) 2 Strich südlich West
(1 Strich = Ein Achtel von 90° = 11,25°)

**2** Wie groß ist die Mißweisung im Jahr 1993, wenn in der Seekarte angegeben ist:

a) Mißw. 1989 −1,6° (W)
Jährl. Änd. −0,2° (W)
b) Mißw. 1991 +6,0° (E)
Jährl. Änd. −0,5° (W)
c) Mißw. 1990 −4,8° (W)
Jährl. Änd. +0,8° (E)
d) Mißw. 1992 +4,0° (E)
Jährl. Änd. +0,8° (E)
e) Mißw. 1989 −1,2° (W)
Jährl. Änd. +0,4° (E)
f) Mißw. 1997 +3,3° (E)
Jährl. Änd. −0,7° (W)
g) Mißw. 1995 −1,4° (W)
Jährl. Änd. −0,8° (W)
h) Mißw. 1997 −5,5° (W)
Jährl. Änd. −0,7° (W)

**3** Gib den rwK an für:

a) Leuchtturm *Kiel* − Tonne *Stollergrund N*
b) Leuchtturm *Kiel* − Tonne *Gabelsflach O*
c) Leuchtturm *Kiel* − *LT Schleimünde*
d) Leuchtturm *Kiel* − Tonne Mittelgrund O
e) Leuchtturm *Kiel* − *LT Friedrichsort*
f) Tonne *Stollergrund N* − *LT Kiel*
g) Tonne *Stollergrund N* − *LT Schleimünde*
h) Tonne *Stollergrund N* − Tonne Mittelgrund O
i) Tonne *Stollergrund N* − *LT Bülk*

**4** Wie lauten die entsprechenden Magnetkompaßkurse in Übung 3 bei einer Mißweisung von −02°?

**5** Ausgehend von Tonne KO 4 (Iso 4 s) des *Kiel-Ostsee-Weges* werden folgende rwK abgesetzt. Wohin führen sie?

a) rwK = 265°      d) rwK = 354°
b) rwK = 309°      e) rwK = 147°
c) rwK = 085°      f) rwK = 207,5°

**6** Folgende MgK sind bei einer Mißweisung von −03° (bzw. + 02°) in rwK zu beschicken:

a) MgK = 355°      f) MgK = 236°
b) MgK = 015°      g) MgK = 089°
c) MgK = 205°      h) MgK = 302°
d) MgK = 252°      i) MgK = 027°
e) MgK = 147°      k) MgK = 161°

# Lösungen

**1**
  a) 090°
  b) 225°
  c) 360° oder 0°
  d) 112,5°
  e) 247,5°

**2**    Man rechnet in folgender Weise:

a) Mißweisung 1989         −1,6° (W)
   Änderung für 4 Jahre     −0,8° (W)

Mißweisung 1993         −2,4° (W)

b) Mw 1993 = +5,0° (E)
c) Mw 1993 = −2,4° (W)
d) Mw 1993 = +4,8° (E)
e) Mw 1993 = +0,4° (E)
f) Mw 1993 = +6,1° (E)
g) Mw 1993 = +0,2° (E)
h) Mw 1993 = −2,7° (W)

**3**    Um den rwK abzulesen, verbinden wir Start- und Zielpunkt, legen an der Verbindungslinie die lange Dreiecksseite (Hypotenuse) an und verschieben dann das Dreieck so weit parallel, bis sein Anlegepunkt an einem Meridian anliegt. Nun können wir am unteren Ende des Meridians den Kurswinkel ablesen (vgl. Abb. A).

Es ergeben sich folgende Kurse:

a) rwK = 316°     f) rwK = 136°
b) rwK = 066°     g) rwK = 323°
c) rwK = 321°     h) rwK = 245°
d) rwK = 276°     i) rwK = 180°
e) rwK = 203°

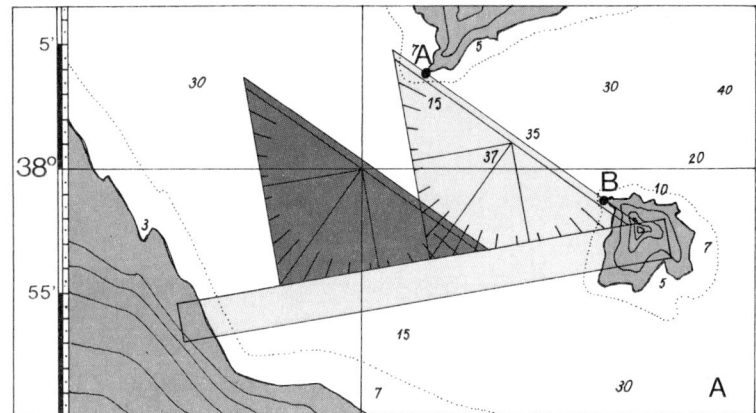

**4**

|  |  | a) | b) | c) | d) | e) | f) | g) | h) | i) |
|---|---|---|---|---|---|---|---|---|---|---|
|  | rwK | 316° | 066° | 321° | 276° | 203° | 136° | 323° | 245° | 180° |
| entg. | Mw | + 02° | + 02° | + 02° | + 02° | + 02° | + 02° | + 02° | + 02° | + 02° |
|  | mwK | 318° | 068° | 323° | 278° | 205° | 138° | 325° | 247° | 182° |
| entg. | Abl | + 08° | − 09° | + 07,5° | + 10° | 00° | − 06° | + 07,5° | + 05° | − 02° |
|  | MgK | 326° | 059° | 330,5° | 288° | 205° | 132° | 332,5° | 252° | 180° |

**5**    Zum Kursabsetzen legen wir das Dreieck so auf die Karte, daß der Anlegepunkt auf einem Meridian liegt und zugleich der gewünschte Kurs an der unteren Dreiecksseite abgelesen werden kann. Dann verschieben wir das Dreieck zum Startpunkt.
Die abgesetzten Kurse führen zu folgenden Tonnen (vgl. den Kartenausschnitt!):

a) HI-Tn. KO 3, Oc. 4s
b) Tonne 7, Fl. (2) G. 5s
c) Tonne KO 5 T 62, Iso 8s
d) Tonne DW 58, Fl. (3) R.
e) Tonne *Flüggesand-W*
f) Tonne 3, Iso 8s

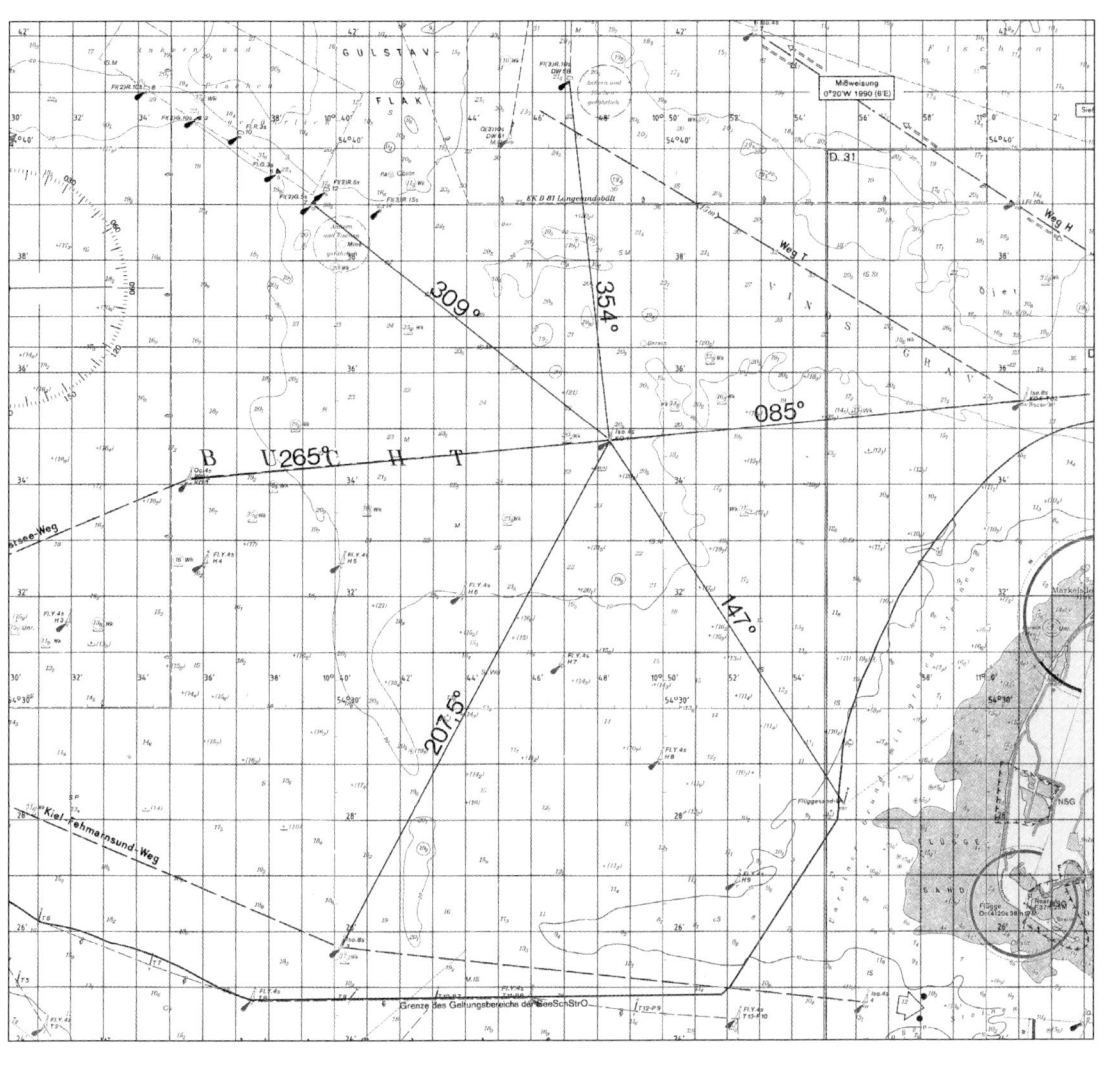

| **6** | a) | b) | c) | d) | e) | f) | g) | h) | i) | k) |
|---|---|---|---|---|---|---|---|---|---|---|
| MgK | 355° | 015° | 205° | 252° | 147° | 236° | 089° | 302° | 027° | 161° |
| Abl | − 03° | + 02° | 00° | − 05° | + 05° | − 03,5° | + 10° | − 10° | + 04° | + 04° |
| mwK | 352° | 017° | 205° | 247° | 152° | 232,5° | 099° | 292° | 031° | 165° |
| Mw | − 03° | − 03° | − 03° | − 03° | − 03° | − 03° | − 03° | − 03° | − 03° | − 03° |
| rwK | 349° | 014° | 202° | 244° | 149° | 229,5° | 096° | 289° | 028° | 162° |

Für Mw = +02° ergibt sich:

| | | | | | | | | | | |
|---|---|---|---|---|---|---|---|---|---|---|
| rwK | 354° | 019° | 207° | 249° | 154° | 234,5° | 101° | 294° | 033° | 167° |

15

# 3 Fahrt und . . .

Die Geschwindigkeit eines Schiffes nennt man seine Fahrt (F). Sie wird in Knoten (kn) angegeben. Es gilt: 1 kn = 1 sm/h.

In der Praxis gibt es folgende 3 Aufgaben:

**1. Wie schnell sind wir?** Dann gilt:

$$\text{Fahrt F (kn)} = \frac{\text{Distanz D (sm)}}{\text{Zeitspanne t (h)}}$$

Gibt man die Zeit in Minuten an, gilt:

$$\text{Fahrt F (kn)} = \frac{\text{Distanz D (sm)} \cdot 60}{\text{Zeitspanne t (min)}}$$

**Zum Beispiel:** *Zwischen 0825 und 0945 hat eine Yacht 8 sm zurückgelegt. Wie schnell war man?*

$$F = \frac{8 \cdot 60}{80} = \underline{\underline{6\ kn}}$$

**Merke:** Mit Hilfe eines **Relingslogs** ermittelt man die Fahrt F aus der Zeit (in Sekunden), die z. B. ein Holzstückchen im Wasser benötigt, um an einer an der Reling markierten Meßstrecke vorbeizulaufen. Dann gilt:

$$\text{Fahrt F (kn)} \approx 2 \cdot \frac{\text{Meßstrecke (m)}}{\text{Durchlaufzeit (s)}}$$

**2. Wann werden wir unser Ziel erreichen?** Dann gilt:

$$\text{Zeitspanne t (min)} = \frac{\text{Distanz D (sm)} \cdot 60}{\text{Fahrt F (kn)}}$$

**Zum Beispiel:** *Um 1300 stellt der Navigator einer Yacht fest, daß noch 7,5 sm zurückgelegt werden müssen. Wann wird man bei einer Fahrt von 4,5 kn das Ziel erreichen?*

$$t = \frac{7,5 \cdot 60}{4,5} = \underline{\underline{100\ min}}$$

*Man wird das Ziel um 1440 erreichen.*

**3. Wieviel Seemeilen haben wir bisher zurückgelegt?** Dann gilt:

$$\text{Distanz D (sm)} = \text{Fahrt F (kn)} \cdot \text{Zeit t (h)}$$

**Zum Beispiel:** *Eine Yacht läuft seit 13 Stunden etwa 6 kn. Wieviel sm hat sie bisher zurückgelegt?*

$$D = 6 \cdot 13 = \underline{\underline{78\ sm}}$$

# . . . Koppeln

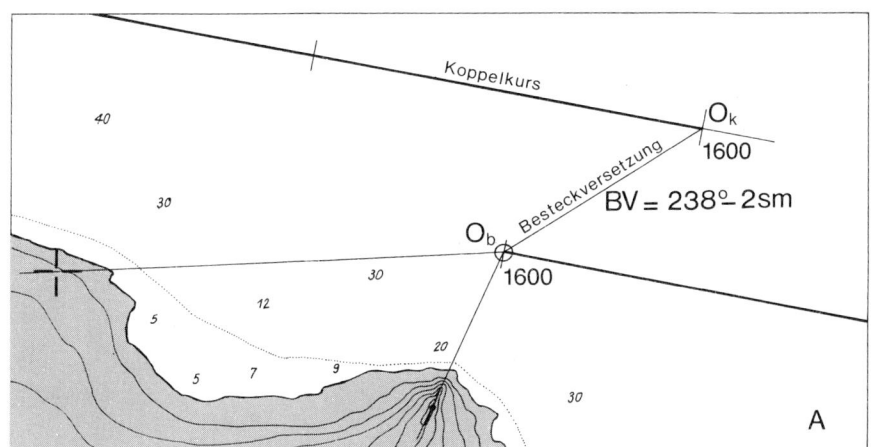

**Merke:** Koppeln heißt den Schiffsort ermitteln aus dem abgesetzten Kurs (= Koppelkurs) und der zurückgelegten Distanz. **Man trägt also die abgelaufene Distanz auf der in der Seekarte eingetragenen Kurslinie ab.** Der so ermittelte Schiffsort heißt **Koppelort $O_k$** oder gegißtes Besteck oder **gegißter Ort.** Man kennzeichnet ihn in der Karte durch einen kurzen Strich quer zur Kurslinie und vermerkt die Uhrzeit.

**Zum Beispiel:** *Eine Yacht passiert mit einer Fahrt von 6,5 kn um 1400 LT Kiel. Man hat einen rechtweisenden Kurs von 056° abgesetzt. Wo steht man um 1600?*

*$O_k$: $\varphi$ = 54° 37,3′ N, $\lambda$ = 010° 35′ E*

Wird der Schiffsort nicht durch Koppeln ermittelt, sondern z. B. durch Peilungen, so erhält man einen **beobachteten Ort ($O_b$).** In der Karte ergibt er sich als Schnittpunkt der kreuzenden Peillinien, den man mit einem kleinen Kreis umgibt.
Beobachteter Ort und Koppelort fallen oft auseinander. Den Unterschied zwischen beiden Orten nennt man Besteckversetzung (Abb. A).

**Merke:** **Besteckversetzung (BV) ist die rechtweisende Richtung, in die man vom $O_k$ zum $O_b$ versetzt ist, und der Abstand in Seemeilen, um den man versetzt wurde.**

**Zum Beispiel:** *Im obigen Beispiel erhält man um 1600 einen durch Peilungen ermittelten $O_b$: $\varphi$ = 54° 37,8′, $\lambda$ = 010° 31,8′ E.*
*Wie groß ist die Besteckversetzung?*

*BV = 285° − 1,9 sm.*

**Merke:** **Zur richtigen Angabe der Besteckversetzung müssen $O_b$ und $O_k$ stets auf den gleichen Zeitpunkt bezogen sein!**

# 3 Fahrt und Koppeln

## Übungen

**1** Man läuft seit 2 Stunden mit einer Fahrt von 5,5 kn.

a) Wieviel sm hat man zurückgelegt?
b) Wieviel Zeit braucht man, um ein noch 13,7 sm entferntes Ziel zu erreichen?

**2** Wie groß ist die Fahrt einer Yacht, wenn sie zurückgelegt hat:

a) 1,8 sm in 24 min
b) 4 kbl in 5 min
c) 9,6 sm in der Zeit von 1855 bis 2015
d) 19,2 sm in 3 h 50 min
e) 42,5 sm in 8 h 30 min
f) Loggestand bei Abfahrt 17,2; Loggestand nach 2 Stunden 30,0

**3** Mit dem Relingslog stoppt man folgende Zeiten. Wie schnell ist man?

a) 8 m in 4 s
b) 5 m in 4 s
c) 8 m in 3 s
d) 10 m in 4 s
e) 10 m in 3 s

**4** Wie lange braucht man, um

a) 3 sm bei einer Fahrt von 5 kn,
b) 2,8 sm bei einer Fahrt von 3,5 kn,
c) 22,7 sm bei einer Fahrt von 6,5 kn zurückzulegen?

**5** Folgende Schiffsorte sind zu bestimmen: Mw = −02°. Eine Yacht passiert die Großtonne *Fehmarnbelt* und läuft von hier

a) 11,5 sm bei einem MgK von 263°,
b) 7,4 sm bei einem MgK von 126,5°,
c) 5,2 sm bei einem MgK von 070°,
d) 6,0 sm bei einem MgK von 234,5°.

**6** Um 0635 passiert eine Yacht die Großtonne *Fehmarnbelt,* am Kompaß werden 325,5° gesteuert, die Logge zeigt 7,2. Um 0805 gibt die Logge 16,2 an. Mw = −02°.
a) Wo müßte die Yacht stehen?
b) Wie groß war die Fahrt durchs Wasser?
c) Um 0805 nimmt man eine Kreuzpeilung vor und erhält als Schiffsort:
   $\varphi = 54° 41{,}1'$ N; $\lambda = 010° 59{,}1'$ E
   Wie groß ist die Besteckversetzung?
d) Wie weit ist es von diesem $O_b$ zum *LT Keldsnor?* Was müßte man dorthin am Kompaß steuern?

**7** Zum Eichen der Logge läuft man unter Motor eine Strecke von 1 sm Länge zwischen 2 Meilenbaken hin und zurück. Für den Hinweg benötigt man 10 min, für den Rückweg 12 min.

a) Wie schnell über Grund ist man gelaufen beim Hinweg, beim Rückweg?
b) Wie groß war die Fahrt durchs Wasser, wenn man davon ausgeht, daß ein Strom genau in bzw. entgegen der Fahrtrichtung setzte?
c) Die Logge zeigte für die gesamte Strecke 1,8 sm an. Ermittle den Eichfaktor!


**8** Eine Yacht läuft von Tonne *Gabelsflach O* zur Tonne *Stollergrund N* und benötigt hierfür 1 Stunde.

a) Wie schnell war man?
b) An der Tonne *Gabelsflach O* zeigte die Logge 36,2, an der Tonne *Stollergrund N* zeigte sie 43,6. Stimmt die Angabe?
c) Woran kann der Fehler liegen?
d) Wie groß ist der Eichfaktor der Logge, wenn man davon ausgeht, daß kein Strom setzt?
e) Von Tonne *Stollergrund N* aus steuert man am Kompaß 040°. Mw = −02°. Wo steht man, als die Logge 58,6 zeigt?
f) Ist dies ein beobachteter Ort oder ein Koppelort?

**9** Eine Yacht verläßt unter Motor den Hafen *Laboe* ($\varphi$ = 54° 24,2′ N; $\lambda$ = 010° 13′ E) in rechtweisend westlicher Richtung. Mw = −02°. Als um 0400, Logge 8,2, der Sektor Fl. (2) W des Leuchtfeuers *Friedrichsort* erreicht ist, werden Segel gesetzt. Man setzt Kurs ab auf die Ansteuerungstonne *Kieler Förde* südlich vom Leuchtturm *Kiel*.

a) Wie lautet der MgK seit dem Segelsetzen?
b) Um 0445 wechselt an Bb ein Leuchtfeuer seine Kennung. Man beobachtet ein Blitzfeuer weiß, Wiederkehr 3 s. Wie groß ist die Fahrt der Yacht?
c) Von Tonne *Kieler Förde* setzt man Kurs ab zur Tonne *Stollergrund N*. Was wird am Kompaß gesteuert?
d) Wann wird man bei gleicher Fahrt die Tonne erreichen?
e) Was wird dann die Logge zeigen?
f) Was bedeutet das Toppzeichen der Tonne?
g) Zur errechneten Zeit ermittelt man durch eine Kreuzpeilung folgenden Schiffsort: $\varphi$ = 54° 31,9′ N; $\lambda$ = 010° 13′ E. Das Echolot zeigt 10 m Tiefe. Ist diese Ortsangabe vertrauenswürdig?
h) Wie lautet die Besteckversetzung?

# 3 Fahrt und Koppeln

## Lösungen

**1** a) D = 2 · 5,5 = 11 sm

b) t = $\dfrac{13,7 \cdot 60}{5,5}$ = 2 h 29 min

Man wird das Ziel in 2 h 29 min erreichen.

**2** Es gilt: F (kn) = $\dfrac{D \text{ (sm)} \cdot 60}{t \text{ (min)}}$

a) F = $\dfrac{1,8 \cdot 60}{24}$ = $\dfrac{9}{2}$ = 4,5 kn

b) F = $\dfrac{0,4 \cdot 60}{5}$ = $\dfrac{24}{5}$ = 4,8 kn

c) Zunächst muß die Fahrtzeit ermittelt werden:

| | |
|---|---|
| Ankunftzeit | 2015 |
| − Abfahrtzeit | 1855 |
| Fahrtzeit | 0120 = 80 min |

F = $\dfrac{9,6 \cdot 60}{80}$ = $\dfrac{28,8}{4}$ = 7,2 kn

d) F = $\dfrac{19,2 \cdot 60}{230}$ = $\dfrac{115,2}{23}$ = 5 kn

e) F = $\dfrac{42,5}{8,5}$ = 5 kn

f) Zunächst wird die zurückgelegte Distanz ermittelt:

| | |
|---|---|
| Loggestand neu | 30,0 |
| − Loggestand alt | 17,2 |
| Distanz in sm | 12,8 |

F = $\dfrac{12,8}{2}$ = 6,4 kn

**3** Es gilt: F (kn) = $\dfrac{2 \cdot \text{Meßstrecke (m)}}{\text{Durchlaufzeit (s)}}$

a) F = 16 : 4 = 4 kn
b) F = 10 : 4 = 2,5 kn
c) F = 16 : 3 = 5,3 kn
d) F = 20 : 4 = 5 kn
e) F = 20 : 3 = 6,7 kn

**4** Es gilt: t (min) = $\dfrac{D \text{ (sm)} \cdot 60}{F \text{ (kn)}}$

a) t = $\dfrac{3 \cdot 60}{5}$ = 36 min

b) t = $\dfrac{2,8 \cdot 60}{3,5}$ = 48 min

c) t = $\dfrac{22,7}{6,5}$ = 3 h 30 min

**5** Die Beschickung der Kompaßkurse ergibt:

| | a) | b) | c) | d) |
|---|---|---|---|---|
| MgK | 263° | 126,5° | 070° | 234,5° |
| Abl | − 07° | + 06,5° | + 10° | − 03,5° |
| mwK | 256° | 133° | 080° | 231° |
| Mw | − 02° | − 02° | − 02° | − 02° |
| rwK | 254° | 131° | 078° | 229° |

Man erhält dann folgende Schiffsorte:
a) φ = 54° 32,7′ N; λ = 010° 49,9′ E
b) φ = 54° 31,1′ N; λ = 011° 18,6′ E
c) φ = 54° 37,0′ N; λ = 011° 17,7′ E
d) φ = 54° 32,0′ N; λ = 011° 01,2′ E

**6** a)

| | |
|---|---|
| MgK | 325,5° |
| Abl | − 08,5 |
| mwK | 317,0° |
| Mw | − 02,0° |
| rwK | 315,0° |

| | |
|---|---|
| Loggestand neu | 16,2 |
| − Loggestand alt | 7,2 |
| Loggedistanz | 9,0 |

Als Schiffsort ergibt sich:
φ = 54° 42,3′ N; λ = 010° 58′ E

b) Die 9 sm wurden in 90 min zurückgelegt,

also: FdW = $\dfrac{9 \cdot 60}{90}$ = 6 kn

c) Besteckversetzung: 152° − 1,3 sm
d) Distanz zum *LT Keldsnor*: 9,5 sm

| | |
|---|---|
| rwK | 287° |
| entg. Mw | + 02° |
| mwK | 289° |
| entg. Abl | + 10° |
| MgK | 299° |

**7** a) Hinweg: $F = \dfrac{1 \cdot 60}{10} = 6$ kn

Rückweg: $F = \dfrac{1 \cdot 60}{12} = 5$ kn

b) Bilde den Mittelwert aus den Einzelgeschwindigkeiten:
FdW = ½ · (6 + 5) = 5,5 kn
Es wäre falsch, wollte man die Fahrt aus der Gesamtdistanz von 2 sm und der Gesamtzeit von 22 min errechnen!

c) Der Eichfaktor ermöglicht es, durch einfache Rechnung die eventuell unkorrekte Loggeanzeige in die tatsächlich zurückgelegte Distanz umzurechnen. Man rechnet:
$$\frac{\text{wahre Distanz}}{\text{geloggte Distanz}} = \frac{20}{18} = 1,11$$
Wir müssen also den jeweiligen Loggewert mit 1,11 multiplizieren, um die wahre Distanz zu erhalten; oder wir addieren jeweils 11 %.
Da der Strom genau mit bzw. entgegen der Fahrtrichtung gesetzt hat, hebt sich sein Einfluß durch Hin- und Rückfahrt auf.

**8** a) Distanz aus der Seekarte: 5,9 sm
F = 5,9 kn

b)

| | |
|---|---|
| Loggestand neu | 43,6 |
| − Loggestand alt | 36,2 |
| Loggedistanz | 7,4 |

Die Loggedistanz stimmt nicht mit der Kartendistanz überein.

c) Der Fehler kann durch Strom oder eine ungeeichte Logge verursacht sein.

d) $\dfrac{\text{wahre Distanz}}{\text{geloggte Distanz}} = \dfrac{5,9}{7,4} = 0,8$
Statt mit 0,8 zu multiplizieren, kann man auch 20 % abziehen!

e)

| | |
|---|---|
| Loggestand neu | 58,6 |
| − Loggestand alt | 43,6 |
| Loggedistanz | 15,0 |

Die Loggedistanz muß mit dem Eichfaktor 0,8 verbessert werden: 15 · 0,8 = 12 sm. Der MgK wird beschickt zum rwK = 45°. Dann ergibt sich als Schiffsort:
$\varphi = 54° \, 41,3'$ N; $\lambda = 010° \, 26,6'$ E

f) Ein Koppelort, da er durch Kurs und Versegelung ermittelt wurde.

**9** a)

| | |
|---|---|
| rwK | 025,5° |
| entg. Mw | + 02,0° |
| mwK | 027,5° |
| entg. Abl | − 04,5° |
| MgK | 023,0° |

b) Es handelt sich um die Sektorengrenze von Leuchtfeuer *Bülk*. Distanz ab Kurswechsel: 3,75 sm. $F = \dfrac{3,75 \cdot 60}{45} = 5$ kn

c)

| | |
|---|---|
| rwK | 324° |
| entg. Mw | + 02° |
| mwK | 326° |
| entg. Abl | + 07,5° |
| MgK | 333,5° |

d) Es gilt: $t \, (\text{min}) = \dfrac{D \, (\text{sm}) \cdot 60}{F \, (\text{kn})}$
Bis Tonne *Kiel:* D aus Karte = 5,4 sm

Bis Tonne *Stollergrund N:* D = 4,6 sm
Gesamtdistanz also: 10 sm

$t = \dfrac{10}{15} = 2 \, \text{h}$

| | |
|---|---|
| Segelsetzen um | 0400 |
| bis Tonne *St'grund N* | +0200 |
| Voraussichtliche Ankunft | 0600 |

e)

| | |
|---|---|
| Loggestand alt | 8,2 |
| bis Tonne *Kiel* | + 5,4 |
| bis Tonne *St'grund N* | + 4,6 |
| Loggestand neu | 18,2 |

f) Nordtonne im Kardinalsystem.

g) Ein beobachteter Ort, der durch Peilungen ermittelt wurde, braucht nicht unbedingt genauer zu sein als ein Koppelort. Seine Genauigkeit hängt vielmehr von den Peil- und Sichtbedingungen ab. In unserem Fall ist jedoch der $O_b$ vorzuziehen, da er durch eine Tiefenangabe bestätigt wird und da feststeht, daß der $O_k$, nämlich die Tonne *Stollergrund N,* nicht erreicht ist.

h) BV = 142° − 1 sm.

# 4 Peilungen

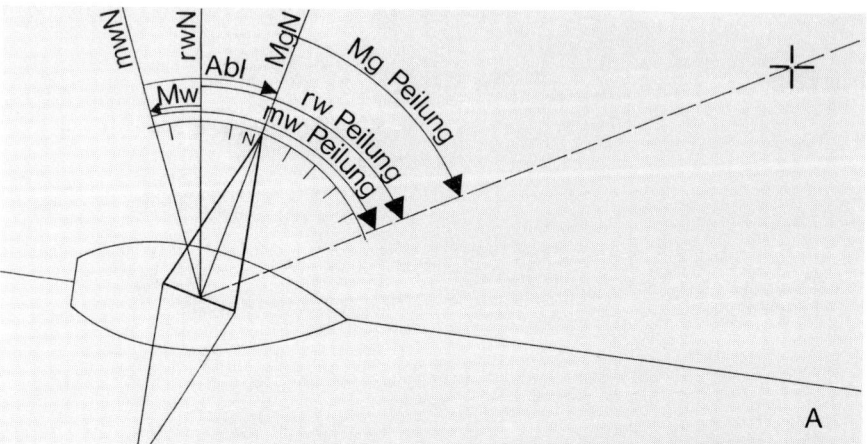

A

**Merke:** **Peilen heißt die Richtung bestimmen, in der ein bestimmtes Peilobjekt vom Schiff aus gesehen wird. Man unterscheidet Magnetkompaß- und Seitenpeilungen.**

- Eine **Magnetkompaßpeilung (MgP)** ist der Winkel zwischen Magnetkompaß-Nord (MgN) und dem Peilobjekt (Abb. A). Er wird mit dem Peilkompaß gemessen.
- Eine **Seitenpeilung (SP)** ist der an Bord gemessene Winkel zwischen der Kielrichtung und dem Peilobjekt (Abb. B). Man erhält ihn mit der Peilscheibe.

Jede Peilung muß, bevor wir sie in die Karte eintragen können, in eine **rechtweisende Peilung (rwP)** verwandelt werden, d. h. sie muß mit Mißweisung und Ablenkung beschickt werden.

### Beschickung der Kompaßpeilung

**Zum Beispiel:** *Auf einer Yacht peilt man einen Leuchtturm unter 269°, während man am Kompaß 150° steuert. Mw = −03°. Wie lautet die rwP?*

| | |
|---|---|
| MgP | 269° |
| Abl | + 05° |
| mwP | 274° |
| Mw | − 03° |
| rwP | 271° |

**Beachte,** daß die Ablenkung auf den zum Peilzeitpunkt gesteuerten Kompaßkurs bezogen wird, nicht auf die Kompaßpeilung! Denn die Ablenkung hängt vom Kurs ab!

Deshalb ist es oft einfacher (vor allem, wenn bei gleichem Kurs mehrere Peilungen nacheinander durchgeführt werden), Mißweisung und Ablenkung von vornherein zur **Fehlweisung (Fw)** zusammenzufassen.

Also: Fw = Abl + Mw = −03° +05° = +02°.

Man rechnet dann in unserem Beispiel:

| | |
|---|---|
| MgP | 269° |
| Fw | + 02° |
| rwP | 271° |

Für den Peilkompaß muß − vor allem auf Stahlyachten − eine gesonderte Deviationstabelle für einen bestimmten Ort an Deck aufgestellt werden. **Wir verwenden jedoch in diesem Buch der Einfachheit halber die gleiche Tabelle wie für den Steuerkompaß.**

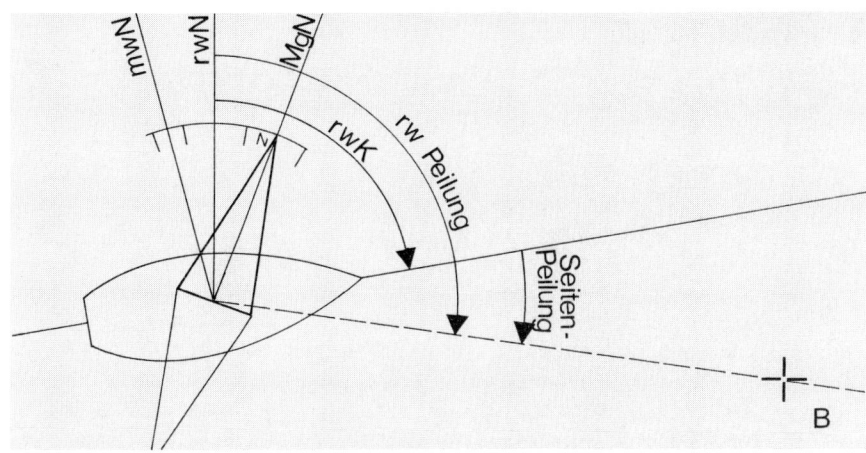

**Beschickung der Seitenpeilung**

Zum Beispiel: *Mit der Peilscheibe wird an Stb unter 058° ein Leuchtturm gepeilt, während man am Kompaß 150° steuert. Mw = −03°. Wie lautet die rechtweisende Peilung?*

| SP | 058° | |
|---|---|---|
| MgK | 150° | |
| MgP | 208° | |
| Fw | + 02° | Fw= −03° +05° = +02° |
| rwP | 210° | |

Geht man bereits vom rwK aus,
so rechnet man einfacher:

| SP | 058° |
|---|---|
| rwK | 152° |
| rwP | 210° |

Dieser Weg ist dann vorzuziehen, wenn **mehrere** Seitenpeilungen beschickt werden.

**Merke:** **Unterscheide Seitenpeilungen mit Vollkreisscheibe von Seitenpeilungen mit Halbkreisscheibe!**
Mit der **Vollkreisscheibe** wird von recht voraus (= 0°) rechts herum über Stb querab (= 90°), recht achteraus (= 180°) und Bb querab (= 270°) bis recht voraus (= 360°) gezählt.
Die **Halbkreisscheibe** dagegen zählt sowohl an Bb als auch an Stb von recht voraus bis recht achteraus, so daß sich hier nie ein Winkel über 180° ergeben kann.
Um Rechenfehler zu vermeiden, verwandele Halbkreispeilungen an Bb immer erst in Vollkreispeilungen, wobei gilt: 360° − BbP = SP

**Zum Beispiel:** Eine SP an Bb von 110° ergibt: 360° − 110° = 250°.

# Übungen

**1**    Eine Yacht steuert am Kompaß 335° und führt folgende Peilungen durch, die in rechtweisende Peilungen zu beschicken sind:

a) MgP = 161°, Mw = −04°
b) MgP = 015°, Mw = +01°
c) MgP = 335°, Mw = −01°
d) MgP = 205°, Mw = +03°
e) SP  = 086°, Mw = −04°
f) SP  = 335°, Mw = +02°
g) SP  = 027°, Mw = −03°
h) SP  = 182°, Mw = +04°

**2**    Verwandele folgende Peilungen in rechtweisende Peilungen bei einer Mw = −2°:

a) MgP = 090°, MgK = 090°
b) MgP = 090°, MgK = 250°
c) MgP = 090°, MgK = 205°
d) SP  = 090°, MgK = 090°
e) SP  = 090°, MgK = 205°
f) SP  = 090°, rwK = 250°
g) SP  an Bb = 090°, rwK = 090°

**3**    Verwandele folgende Seitenpeilungen in rechtweisende Peilungen (Mw = +01°):

a) SP an Bb = 030°, MgK = 016°
   SP an Stb = 030°, MgK = 016°
b) SP an Bb querab, rwK = 187°
   SP an Stb querab, rwK = 187°
c) SP 2 Strich an Stb voraus, MgK = SW
   SP 2 Strich an Bb voraus, MgK = SW
d) SP ab Bb von 150°, rwK = S
   SP ab Stb von 150°, rwK = S
e) SP 3 Strich achterlicher als Bb querab, rwK = 122°

**4**    Von der Großtonne *Fehmarnbelt* ausgehend, steuert man am Kompaß 323° (Mw = −02°). Nach einiger Zeit peilt man auf gleichem Kurs die Kirche *Kappel* auf *Lolland* mit dem Kompaß unter 053°.

a) Wo steht man nach φ und λ?
b) Wo steht man nach Peilung und Abstand zum Leuchtturm *Keldsnor*?
c) Etwas später peilt man auf gleichem Kurs den Leuchtturm *Keldsnor* mit einer Seitenpeilung unter 312°.
   Wo steht man nach φ und λ?
d) Wo steht man nach Peilung und Abstand zum Leuchtturm *Keldsnor*?

**5 Aufstellen einer Deviationstabelle**

Auf einer Yacht hat man folgenden Schiffsort äußerst genau ermitteln können (Mw = −02°):

$\varphi = 54°\ 47'$ N; $\lambda = 010°\ 20'$ E. Dieser Ort wird durch eine Boje deutlich markiert.

a) Wie lautet die mißweisende Peilung zum Leuchtturm *Vejsnäs Nakke?*

b) Um die Deviationstabelle für den Steuerkompaß aufzustellen, wird die Yacht langsam in einem Vollkreis um die Boje herumgedreht. Während der Rudergänger die Kurse von 20° zu 20° ankündigt, peilt ein anderer Mann über den Kompaß *LT Vejsnäs Nakke.* Die Werte werden notiert.

Um einen Schleppfehler des Kompasses durch die Drehung zu vermeiden, wurden zwei Vollkreise gedreht, der eine nach Bb, der andere nach Stb. Die in der folgenden Tabelle zusammengestellten Peilwerte stellen bereits den jeweiligen Mittelwert aus beiden Meßreihen dar.

Es ergibt sich folgende Zusammenstellung:

| MgK | MgP | MgK | MgP |
|------|------|------|------|
| 019° | 055° | 201° | 047° |
| 040° | 051° | 220° | 060° |
| 061° | 049° | 241° | 062° |
| 081° | 048° | 260° | 064° |
| 100° | 049° | 279° | 067° |
| 119° | 051° | 300° | 068° |
| 140° | 052° | 320° | 067° |
| 160° | 054° | 339° | 064° |
| 180° | 056° | 360° | 060° |

Stelle die Deviationstabelle für den Steuerkompaß auf!

**6** Um 1300 steht eine Yacht auf folgender Position:

$\varphi = 54°\ 51'$ N; $\lambda = 009°\ 50'$ E.

a) Gib den Schiffsort nach Peilung und Abstand zum Leuchtturm *Kalkgrund* an!

b) Erkläre die Angaben beim Leuchtturm!

c) Von hier aus werden am Kompaß 091° gesteuert. Mw = −02°. Wie lautet der rwK?

d) Um 1330 peilt man *LT Kalkgrund* mittels Seitenpeilung unter 107°. Wo steht man?

e) Gib diesen Schiffsort nach Peilung und Abstand zum *LT Kegnäs* an!

f) Wie groß war die Fahrt der Yacht?

g) Wo steht die Yacht um 1430 bei gleichbleibender Fahrt?

h) Um 1430 hat man jedoch eine schwarzgelbe Tonne erreicht. Toppzeichen zwei Kegel, Spitzen oben. Wie groß ist die Besteckversetzung?

i) Man setzt nun einen rwK von 089° ab. Was muß am Kompaß gesteuert werden?

k) Wohin führt dieser Kurs?

l) Als man am Echolot 20 m Tiefe mißt, peilt man mit dem Kompaß Leuchtturm *Gammel Pöl* unter 329°. Wo steht man?

# Lösungen

| 1 | a) | b) | c) | d) |
|---|---|---|---|---|
| MgP | 161° | 015° | 335° | 205° |
| Abl (MgK) | − 07° | − 07° | − 07° | − 07° |
| mwP | 154° | 008° | 328° | 198° |
| Mw | − 04° | + 01° | − 01° | + 03° |
| rwP | 150° | 009° | 327° | 201° |

| | e) | f) | g) | h) |
|---|---|---|---|---|
| SP | 086° | 335° | 027° | 182° |
| MgK | 335° | 335° | 335° | 335° |
| MgP | 061° | 310° | 002° | 157° |
| Abl (MgK) | − 07° | − 07° | − 07° | − 07° |
| mwP | 054° | 303° | 355° | 150° |
| Mw | − 04° | + 02° | − 03° | + 04° |
| rwP | 050° | 305° | 352° | 154° |

**Beachte** in den Beispielen e) bis h), daß sich bei der Addition SP + MgK Werte über 360° ergeben; wir rechnen dann natürlich nur mit dem **über** 360° liegenden Betrag weiter! Zum Beispiel Übung e):

| | |
|---|---|
| SP | 086° |
| MgK | 335° |
| MgP | 421° |

Bilde dann: 421° − 360° = 061°.

| 2 | a) | b) | c) | d) | e) |
|---|---|---|---|---|---|
| SP | | | | 090° | 090° |
| MgK | | | | 090° | 205° |
| MgP | 090° | 090° | 090° | 180° | 295° |
| Abl | + 10° | − 05° | 0° | + 10° | 0° |
| mwP | 100° | 085° | 090° | 190° | 295° |
| Mw | − 02° | − 02° | − 02° | − 02° | − 02° |
| rwP | 098° | 083° | 088° | 188° | 293° |

In den Fällen f) und g) genügt folgende einfache Addition:

| | f) | g) |
|---|---|---|
| SP | 090° | 270° |
| rwK | 250° | 90° |
| rwP | 340° | 360° |

**3** a) Ermittle zunächst den rwK:

| | |
|---|---|
| MgK | 016° |
| Abl | + 02° |
| mwK | 018° |
| Mw | + 01° |
| rwK | 019° |

Die Bb-Seitenpeilung ist in eine rundum gezählte Seitenpeilung zu verwandeln: 360° −30° = 330°. Dann gilt:

| | | |
|---|---|---|
| SP | 330° | 030° |
| rwK | 019° | 019° |
| rwP | 349° | 049° |

b) Querab-Peilungen sind Seitenpeilungen von 90° (an Stb) bzw. 270° (an Bb).

| | | |
|---|---|---|
| SP | 270° | 090° |
| rwK | 187° | 187° |
| rwP | 097° | 277° |

c) Ermittle zunächst wieder den rwK:

| | |
|---|---|
| MgK | 225,0° |
| Abl | − 02,5° |
| mwK | 222,5° |
| Mw | + 01,0° |
| rwK | 223,5° |

1 Strich = 1/8 von 90° = 11¼.
2 Strich Stb voraus = 22,5°, 2 Strich Bb voraus = 360° −22,5° = 337,5°.

| | | |
|---|---|---|
| SP | 022,5° | 337,5° |
| rwK | 223,5° | 223,5° |
| rwP | 246° | 201° |

d) Die Seitenpeilung an Bb wird umgerechnet: 360° −150° = 210°.

| | | |
|---|---|---|
| SP | 210° | 150° |
| rwK | 180° | 180° |
| rwP | 030° | 330° |

e) 3 Strich achterlicher als Bb querab heißt: 270° −34° = 236°.

| | |
|---|---|
| SP | 236° |
| rwK | 122° |
| rwP | 358° |

**4**  a) Kurs- und Peilungsbeschickung ergeben:

| MgK | 323° |     | MgP | 053° |
|-----|------|-----|-----|------|
| Abl | − 09° |    | Abl | − 09° |
| mwK | 314° |     | mwP | 044° |
| Mw  | − 02° |    | Mw  | − 02° |
| rwK | 312° |     | rwP | 042° |

Schiffsort:
$\varphi = 54°\ 42{,}6'$ N; $\lambda = 010°\ 56{,}1'$ E

b) 280° − 7,5 sm

c)
| SP  | 312° |
|-----|------|
| rwK | 312° |
| rwP | 264° |

Schiffsort:
$\varphi = 54°\ 44{,}5'$ N; $\lambda = 010°\ 52{,}6'$ E

d) 264° − 5,4 sm

**5**  a) Man entnimmt der Karte: rwP = 056°
Es gilt:

| rwP      | 056° |
|----------|------|
| entg. Mw | + 02° |
| mwP      | 058° |

b) Der Deviationswert für den entsprechen-den MgK ergibt sich aus: mwP − MgP. Führt man diese Rechnung für alle notier-ten Kurse durch, so erhält man genau die diesem Buch beigegebene Ablenkungs-tafel. Lediglich ein Wert fällt aus der Reihe heraus: Die Peilung für MgK = 201° muß eine Fehlmessung sein.

**6**  a) 127° − 2,4 sm

b) Der Leuchtturm ist als Leitfeuer eingerich-tet. Höhe 22 m. Die unterschiedlichen Ken-nungen sind: Festfeuer weiß, rot, grün; Blitzfeuer in Gruppen von 2 Blitzen und in Gruppen von 3 Blitzen. Seine Tragweite weiß beträgt 19 sm, die Tragweite rot und grün 13 sm. Außerdem ist der Leuchtturm als Kreisfunkfeuer eingerichtet und mit ei-ner Warnsignalstelle, einer Nebenschall-Sendestelle, einem Sichtweitenmeßgerät sowie einer Zufluchtstelle versehen.

c)
| MgK | 091° |
|-----|------|
| Abl | + 10° |
| mwK | 101° |
| Mw  | − 02° |
| rwK | 099° |

d) Die Beschickung der Seitenpeilung ergibt:

| SP  | 107° |
|-----|------|
| rwK | 099° |
| rwP | 206° |

Schiffsort:
$\varphi = 54°\ 50{,}6'$ N; $\lambda = 009°\ 54{,}6'$ E

e) 78° − 2,8 sm

f) Es gilt:
$$F\,(kn) = \frac{D\,(sm) \cdot 60}{t\,(min)}$$
$$= \frac{2{,}7 \cdot 60}{30} = 5{,}4\,kn$$

g) Bis 1430 sind weitere 5,4 sm zurückgelegt worden. Als Koppelort ergibt sich:
$\varphi = 54°\ 49{,}7'$ N; $\lambda = 010°\ 03{,}8'$ E

h) BV = 289° − 0,9 sm

i)
| rwK       | 089° |
|-----------|------|
| entg. Mw  | + 02° |
| mwK       | 091° |
| entg. Abl | − 10° |
| MgK       | 081° |

k) Zur gelben Tonne, befeuert mit Blitz gelb, Wiederkehr 3 s

l) Die Beschickung der MgP ergibt:

| MgP | 329° |
|-----|------|
| Abl | + 10° |
| mwP | 339° |
| Mw  | − 02° |
| rwP | 337° |

Trägt man diese Peilung in die Karte ein, so schneidet sie den Koppelkurs an einer Stelle, wo die Karte die 20-m-Tiefenlinie anzeigt. Der Schiffsort ist also ziemlich zu-verlässig:
$\varphi = 54°\ 50'$ N; $\lambda = 010°\ 06{,}3'$ E

# 5 Deckpeilung Feuer in Linie

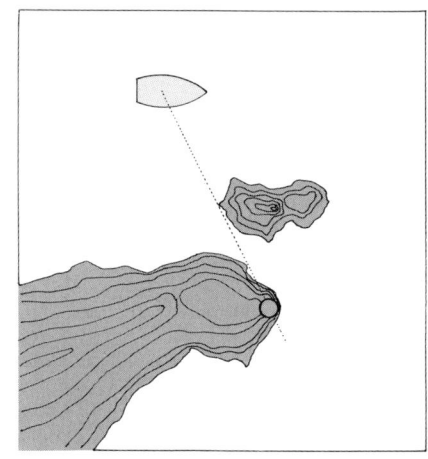

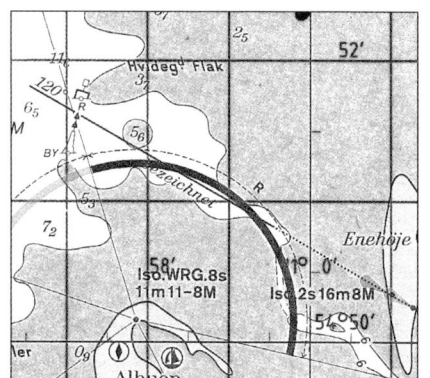

**Zum Beispiel:**

**Merke:**

**Eine Deckpeilung ergibt meist eine genaue Standlinie, sobald man zwei markante, in der Seekarte eindeutig identifizierte Landmarken (Leuchtturm, Kap etc.) in einer Linie sieht.**

Wir benötigen hierfür also kein Navigationsinstrument, weshalb auch Mißweisung und Ablenkung nicht berücksichtigt werden müssen. Denn jede Deckpeilung ergibt unmittelbar eine rechtweisende Peilung. In der Karte erhalten wir die Standlinie, indem wir beide Landmarken verbinden und die Linie verlängern.

In den Skizzen oben befindet sich der Beobachter genau auf der von Turm und Kap gebildeten Linie.

Eine spezielle Deckpeilung erhält man nachts, wenn man zwei **Feuer in Linie** sieht. Diese Standlinie ist meist in der Seekarte eingetragen und ihr Peilwert (von See her gesehen) angegeben.

*Eine Yacht, die die beiden Gleichtaktfeuer (Iso 2s und Iso 4s) von Enehöje (Nakskov Fjord) in Linie sieht, steht genau auf der in der Karte eingetragenen Standlinie von rechtweisend 120° (vgl. Kartenausschnitt nebenan).*

**Merke:**
Eine Standlinie erhält man auch, sobald man die **Sektorengrenze eines Leuchtfeuers** passiert. Wir brauchen dann nur die in der Seekarte meist eingetragene Sektorengrenze verlängern, oder wir entnehmen die Richtung der Sektorengrenze (von See her gesehen) dem Leuchtfeuerverzeichnis.

**Zum Beispiel:**
*Eine auf Ostkurs laufende Yacht bemerkt an Bb, daß die Kennung von Leuchtfeuer Vejsnäs Nakke von Rot auf Weiß wechselt. Wo steht die Yacht? Auf der Sektorengrenze zwischen Oc. R und Oc. W, die man von See her unter rechtweisend 337° peilt (vgl. Kartenausschnitt nebenan).*

# Übungen

**1** Man steht nachts bei der Tonne 2 (Q. R) westlich der Fehmarnsundbrücke. Welche Leuchtfeuer (mit ihren Kennungen) können wir von dort aus erkennen?

**2** Eine Yacht läuft nachts im *Fehmarnsund* von SE auf die Fehmarnsundbrücke zu und hat voraus ein Oc. W. 4 s, ein weißes Festfeuer und ein weißes Gleichtaktfeuer mit einer Wiederkehr von 3 s in Linie.
a) Auf welcher Standlinie befindet sich die Yacht?
b) Der Rudergänger beobachtet, daß das Gleichtaktfeuer etwas nach Bb auswandert. Warum? Was ist zu tun, um auf der Deckpeilung zu bleiben?
c) Was kann man beobachten, sobald man die Tonne *Fehmarnsund* passiert?
d) Nachdem man wieder beide Feuer in Linie hat, liest man am Kompaß 312° ab. Stimmt die Deviationstabelle?

**3** Eine Yacht verläßt nachts den Hafen *Gelting* in der Flensburger Förde. Während am Kompaß 007° gesteuert werden, hat man das Richtfeuer *Gelting* achteraus genau in Linie. Die Mw beträgt −02°.
a) Stimmt die Deviationstabelle?
b) Etwas später befindet sich die Yacht auf $\varphi = 54° 47'$ N; $\lambda = 009° 50'$ E. Welche Feuer mit welchen Kennungen sind von hier aus zu erkennen?
c) Von hier aus wird Kurs abgesetzt zur Glockentonne 7 (Iso. 4s). Wie lautet der MgK?
d) Wie werden sich auf diesem Kurs die Kennungen von *LF Kalkgrund* und von *LF Kegnäs* ändern?
e) Bald sieht man an Stb ein Festfeuer weiß und ein unterbrochenes Feuer grün in Line. Wo steht man?
f) Sobald sich an Stb das F.R. in F.W. ändert, hält man auf *LF Kegnäs* zu. Ort der Kursänderung?
g) Neuer MgK?
h) Auf diesem Kurs sieht man nach einiger Zeit an Stb ein F.G. in Linie mit einem Oc (2) R. Wo steht man?
i) An Bb voraus nimmt man ein weißes Gleichtaktfeuer wahr. Was ist das?
k) Sobald das unterbrochene Feuer an Stb grün wird, setzt man rechtweisend Ostkurs ab. Auf diesem Kurs beobachtet man, daß an Bb voraus ein weißes unterbrochenes Feuer in ein grünes unterbrochenes Feuer übergeht. Zugleich ändert an Bb achteraus ein Feuer seine Kennung von einem grünen unterbrochenen Feuer in ein rotes unterbrochenes Feuer. Wie tief ist es hier?
l) Welche Kennung zeigt hier das *LF Kalkgrund?* Wie genau ist der Schiffsort?

29

# 5 Deckpeilung, Feuer in Linie

## Lösungen

**1** *LF Flügge:* Oc (4), zusätzlich ein weißes Festfeuer.
*LF Strukkamphuk:* Iso. W
*LF Fehmarnsundbrücke:* Wir befinden uns genau auf der Sektorengrenze zwischen Oc. R und Oc. W
*LF Heiligenhafen:* Oc(2)G in Linie mit der Ansteuerungstonne *Heiligenhafen O* mit Q (3).
*LF Neuland:* LFl (4) W kann eventuell ausgemacht werden.
*Tonne 4:* Iso. ist unter Umständen zu sehen.

**2** a) Auf der von *LF Flügge* (Rear Lt.) und von *LF Strukkamphuk* (Front Lt) gebildeten Linie von rechtweisend 305°.
b) Der Rudergänger hat ungenau gesteuert, er muß seinen Kurs nach Bb korrigieren. Merke: Bei Deckpeilungen Kurs immer in Richtung auf das Unterfeuer ändern!
c) *LF Staberhuk* ändert seine Kennung von Oc(2)G in Oc(2)W. Man befindet sich also genau auf einer Sektorengrenze. Kurz zuvor hat auch *LF Burgstaken* seine Kennung von Oc(3)W in Oc(3)R geändert.
d) Man rechnet:

| | rwK | 305° |
|---|---|---|
| entg. Mw | + | 02° |
| | mwK | 307° |

Bilde dann die Differenz: mwK − MgK = 307° −312° = −05°

Dieser Wert stimmt weder mit dem in der Steuertafel noch mit dem in der Ablenkungstafel angegebenen Wert überein!

**3** Vgl. Kartenausschnitt nebenan!
a) Man entnimmt der Seekarte eine rwK von 005° und beschickt:

| | rwK | 005° |
|---|---|---|
| entg. Mw | + | 02° |
| | mwK | 007° |

Bilde dann die Differenz:
mwK − MgK = 007° − 007° = 00°
Dieser Wert stimmt mit dem in der Tabelle angegebenen MgK und mwK überein.
b) *LF Kalkgrund:* Festfeuer, weiß
*LF Kegnäs:* Unterbroches Feuer, grün
*LF Gammel Pöl:* Oc(3)R
Bei dunkler Nacht und klarer Sicht können auch die Glockentonne 7 (Iso. 4s), und die Tonne 5 (Iso. 4s) vom Schiffsort aus wahrgenommen werden. Befeuerte Tonnen tragen unter günstigen Bedingungen etwa 4 sm weit.
c)

| | rwK | 357° |
|---|---|---|
| entg. Mw | + | 02° |
| | mwK | 359° |
| entg. Abl | + | 02° |
| | MgK | 361° |

d) *LF Kalkgrund:* F.W./F.R./F.G.
*LF Kegnäs:* Oc.G/Oc.W
e) Auf der von *LF Kegnäs* und *LF Kalkgrund* gebildeten Deckpeilung von 064°.
f) φ = 54° 49,2′ N; λ = 009° 49,7′ E
g)

| | rwK | 071° |
|---|---|---|
| entg. Mw | + | 02° |
| | mwK | 073° |
| entg. Abl | − | 09° |
| | MgK | 064° |

h) Auf der von *LF Kalkgrund* und *LF Falshöft* gebildeten Deckpeilung: rwP = 142°.
i) Tonne 6, rot/weiß senkrecht gestreift, Toppzeichen: 1 roter Ball.
k) 10 m
l) Die Yacht befindet sich auf der Sektorengrenze von Festfeuer weiß zu Festfeuer rot. Der Schiffsort durch drei Sektorengrenzen dürfte sehr genau sein.

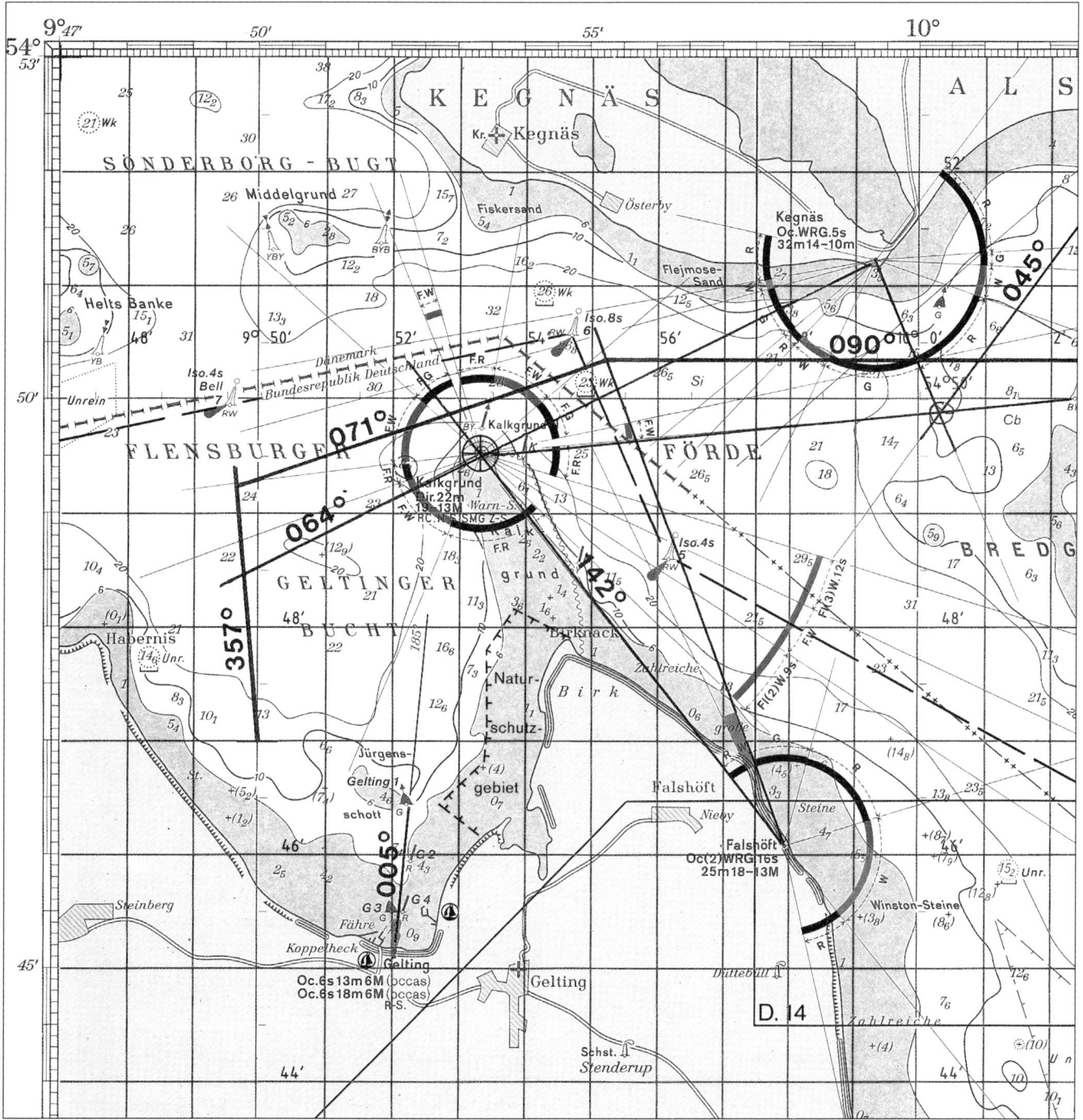

# 6 Schiffsort durch Kreuzpeilung

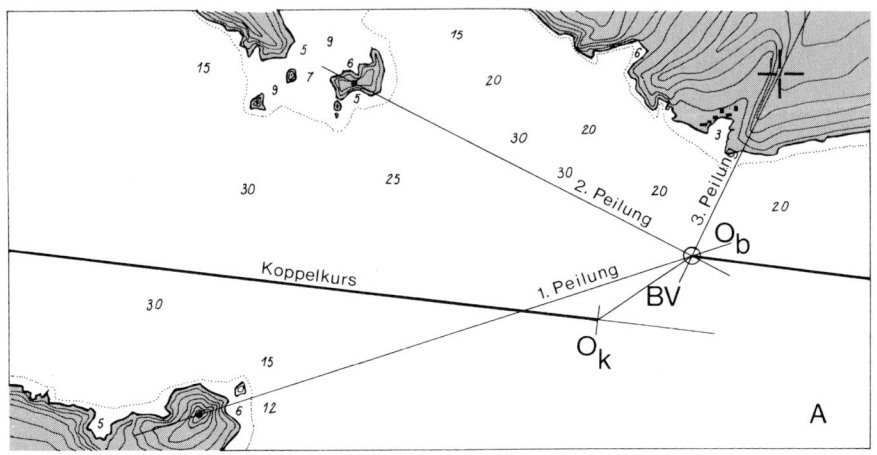

**Merke:** Die Kreuzpeilung ist ein Verfahren zur Schiffsortbestimmung. Indem man unmittelbar nacheinander, also nahezu gleichzeitig, verschiedene Landmarken peilt, erhält man mehrere Standlinien, deren Schnittpunkt in der Seekarte den gesuchten Schiffsort ergibt (Abb. A).

Hierbei ist es gleichgültig, ob man mit dem Peilkompaß oder mit der Peilscheibe arbeitet. Auf jeden Fall müssen die Peilungen in rechtweisende Peilungen verwandelt werden, bevor wir sie in die Karte eintragen.

**Zum Beispiel:** *Während man am Kompaß 090° steuert, peilt man kurz hintereinander mit dem Peilkompaß: LT Falshöft 237°, LT Kegnäs 293° und LT Gammel Pöl 331°. Wo steht man, wenn man von einer Mw = −02° ausgeht?*

| *Falshöft* | | *Kegnäs* | | *Gammel Pöl* | |
|---|---|---|---|---|---|
| MgP | 237° | MgP | 293° | MgP | 331° |
| Abl | + 10° | Abl | + 10° | Abl | + 10° |
| mwP | 247° | mwP | 303° | mwP | 341° |
| Mw | − 02° | Mw | − 02° | Mw | − 02° |
| rwP | 245° | rwP | 301° | rwP | 339° |

*Wir tragen die drei rechtweisenden Peilungen in die Karte ein und erhalten als Schiffsort:* $\varphi = 54° \ 48{,}5' \ N; \ \lambda = 010° \ 07{,}1' \ E$

**Merke:** Für die Kreuzpeilung genügen eigentlich 2 Peilungen. Besser ist es jedoch, zur Kontrolle eine dritte Landmarke zu peilen. In der Karte ergibt sich dann meist ein **Fehlerdreieck,** das jedoch nicht zu groß sein darf.

## Standlinien

Zur Schiffsortbestimmung benötigt man mindestens 2 Standlinien, d. h. Linien, auf denen man gerade steht: Der Schnittpunkt beider Standlinien ergibt den momentanen Schiffsort.

Die terrestrische Navigation kennt im wesentlichen 4 Arten von Standlinien, die beliebig kombiniert werden können:

- **Peilungen,** die Geraden ergeben.
- **Abstandsbestimmungen,** die Kreise ergeben (vgl. S. 42).
- **Lotungen,** die zu unregelmäßig gekrümmten Linien führen.
- **Horizontalwinkelmessungen,** die einen Kreisbogen ergeben (vgl. S. 46).

# Übungen

**1** Ermittle den Schiffsort aus folgenden Peilungen (Mw = −02°):

a) Bei einem MgK = 267° peilt man mit dem
Kompaß: Kirchturm *Großenbrode* 139°
Leuchtt. *Heiligenhafen* 156°
Leuchtturm *Flügge* 106°

b) Bei einem MgK = 092° peilt man mit dem
Kompaß: Leuchtturm *Kalkgrund* 262°
Leuchtturm *Falshöft* 176°

c) Bei einem MgK von 171° peilt man mit dem
Kompaß: Kirchturm *Kappel* 112°
und mit der Peilscheibe:
Leuchtturm *Keldsnor* 053°
Leuchtturm *Albuen* 259°

**2** Eine Yacht passiert mit MgK = 078° die Heultonne *Breitgrund S* ($\varphi$ = 54° 47,1′ N; $\lambda$ = 010° 03,7′ E). Nachdem man nach der Logge 4 sm gelaufen ist, peilt man:
LT *Gammel Pöl* MGP = 312°
LT *Falshöft* MgP = 247°
LT *Kegnäs* MgP = 286°

a) Wo steht die Yacht (Mw = −02°)?
b) Wie ist man versetzt?

**3** Von der Tonne 2 westlich der Fehmarnsundbrücke steuert man am Kompaß 309°. Es ist 1310. Mw = −02°. Mit Hilfe des Relingslogs loggt man 12 m in 4 s.

a) Wie lautet der rwK?
b) Wie schnell läuft die Yacht?
c) Was bedeutet das Toppzeichen der Tonne 2? Welche weiteren Angaben macht die Seekarte über diese Tonne?
d) Wo steht man um 1420?
e) Gib diesen Ort nach Peilung und Abstand zum *LT Flügge* an!
f) Um 1420 peilt man *LT Flügge* mit dem Kompaß unter 119° und *LT Westermarkelsdorf* mit der Peilscheibe unter 118°. Zugleich lotet man 10 m Wassertiefe. Wo steht die Yacht?
g) Wie ist man versetzt?
h) Von hier aus setzt man rechtweisenden Kurs von 039° ab. Was muß am Kompaß gesteuert werden?
i) Die Fahrt bleibt unverändert. Um 1500 peilt man mit der Peilscheibe an Stb Leuchtturm *Flügge* mit 121° und Leuchtturm *Westermarkelsdorf* mit 037°. Wie groß ist die Besteckversetzung?

# 6 Schiffsort durch Kreuzpeilung

## Lösungen

**1** In allen drei Fällen handelt es sich um Schiffsortbestimmungen durch Kreuzpeilung, da die Peilungen gleichzeitig durchgeführt wurden.

a)

| | Kr. Gr'brode | LT H'hafen | LT Flügge |
|---|---|---|---|
| MgP | 139° | 156° | 106° |
| Abl (MgK) | − 07° | − 07° | − 07° |
| mwP | 132° | 149° | 099° |
| Mw | − 02° | − 02° | − 02° |
| rwP | 130° | 147° | 097° |

Schiffsort: $\varphi = 54° 26,9'$ N; $\lambda = 010° 56,1'$ E

b)

| | LT Kalkgrund | LT Falshöft |
|---|---|---|
| MgP | 262° | 176° |
| Abl (MgK) | + 10° | + 10° |
| mwP | 272° | 186° |
| Mw | − 02° | − 02° |
| rwP | 270° | 184° |

Schiffsort: $\varphi = 54° 49,5'$ N; $\lambda = 009° 58,4'$ E

c)

| | Kr. Kappel | LT Keldsnor | LT Albuen |
|---|---|---|---|
| SP | | 053° | 259° |
| MgK | | +171° | +171° |
| MgP | 112° | 224° | 070° |
| Abl (MgK) | + 03° | + 03° | + 03° |
| mwP | 115° | 227° | 073° |
| Mw | − 02° | − 02° | − 02° |
| rwP | 113° | 225° | 071° |

Beim Eintragen in die Karte ergibt sich ein kleines Fehlerdreieck.
Schiffsort: $\varphi = 54° 49'$ N; $\lambda = 010° 52,1'$ E

**2** a) Da alle Peilungen bei gleichem Kurs durchgeführt wurden, rechnet man schneller:
Fehlweisung Fw = Abl + Mw = 10° −02° = +08°.

| | LT Gammel Pöl | LT Falshöft | LT Kegnäs |
|---|---|---|---|
| MgP | 312° | 247° | 286° |
| Fw | + 08° | + 08° | + 08° |
| rwP | 320° | 255° | 294° |

Schiffsort: $\varphi = 54° 48,1'$ N; $\lambda = 010° 11,3'$ E

b) Vom Koppelort, der sich aus dem rwK und der Loggedistanz von 4 sm ergibt, ist man versetzt: 27° − 0,8 sm.

**3** Vergl. Kartenausschnitt nebenan!

a)

| | |
|---|---|
| MgK | 309° |
| Abl | − 10° |
| mwK | 299° |
| Mw | − 02° |
| rwK | 297° |

b) Es gilt: $F\,(kn) = \dfrac{2 \cdot \text{Meßstrecke (m)}}{\text{Durchlaufzeit (s)}}$

$$F = \frac{2 \cdot 12}{4} = \underline{6\,kn}$$

c) Es handelt sich um eine Bb-Ansteuerungstonne für das Fahrwasser *Fehmarnsund*.
Weitere Angaben: Die Tonne ist rot, mit einem roten Funkelfeuer befeuert und trägt einen roten Zylinder als Toppzeichen.

d) Der Loggeort um 1420 ergibt sich aus dem abgesetzten rwK = 297° und dem zurückgelegten Weg.

$$D\,(sm) = F\,(kn) \cdot t\,(h) = 6 \cdot \frac{70}{60} = \underline{\underline{7\,sm}}$$

Schiffsort: $\varphi = 54° 27,5'$ N; $\lambda = 010° 52,3'$ E

e) 101° −5,3 sm

f)

| | LT Flügge | LT W'markelsdorf |
|---|---|---|
| SP | | 118° |
| MgK | | +309° |
| MgP | 119° | 067 |
| Fw | − 12° | − 12° |
| rwP | 107° | 055° |

Schiffsort: $\varphi = 54° 27,8'$ N; $\lambda = 010° 54'$ E

g) BV = 77° −1,1 sm

h)

| | |
|---|---|
| rwK | 039° |
| entg. Mw | + 02° |
| mwK | 041° |
| entg. Abl | − 06° |
| MgK | 035° |

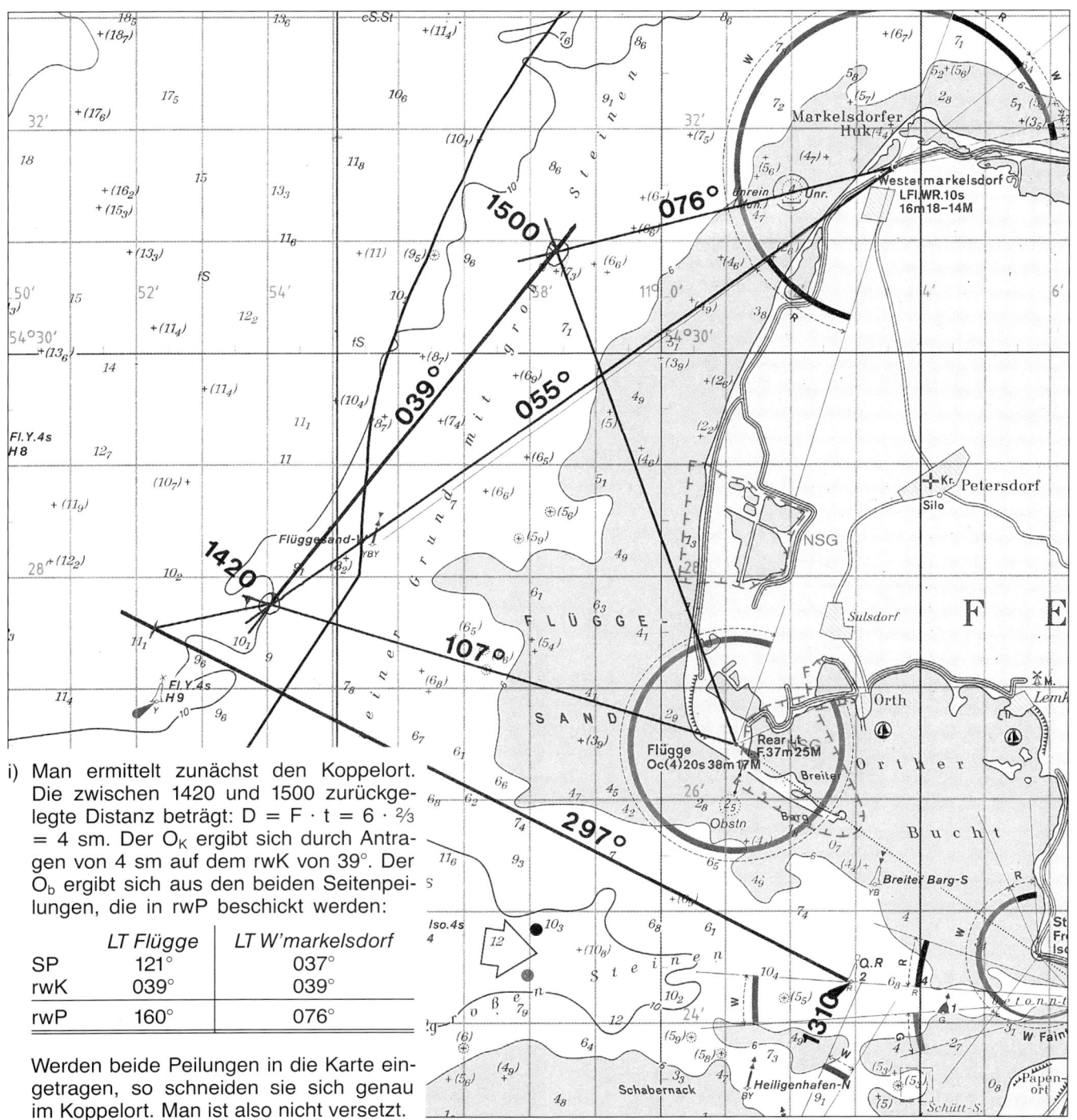

i) Man ermittelt zunächst den Koppelort. Die zwischen 1420 und 1500 zurückgelegte Distanz beträgt: $D = F \cdot t = 6 \cdot \frac{2}{3} = 4$ sm. Der $O_K$ ergibt sich durch Antragen von 4 sm auf dem rwK von 39°. Der $O_b$ ergibt sich aus den beiden Seitenpeilungen, die in rwP beschickt werden:

|     | LT Flügge | LT W'markelsdorf |
|-----|-----------|------------------|
| SP  | 121°      | 037°             |
| rwK | 039°      | 039°             |
| rwP | 160°      | 076°             |

Werden beide Peilungen in die Karte eingetragen, so schneiden sie sich genau im Koppelort. Man ist also nicht versetzt.

# 7 Schiffsort durch Doppelpeilung

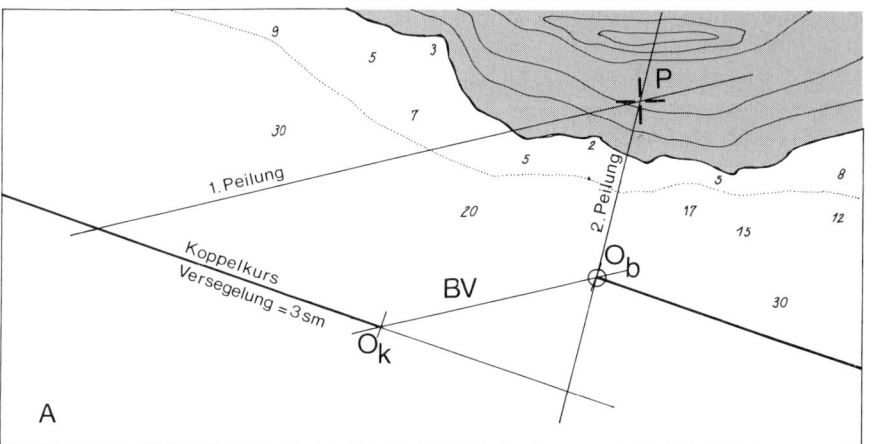

**Merke:** Doppelpeilungen ermöglichen eine Schiffsortbestimmung auch dann, wenn nur ein einziges Peilobjekt sichtbar ist. Dann wird die Landmarke zweimal (also doppelt) gepeilt, das 2. Mal aber erst dann, wenn sie seit der ersten Peilung genügend ausgewandert ist. Außerdem muß die zwischen beiden Peilungen zurückgelegte Distanz (= Loggedistanz) bekannt sein.

**Zum Beispiel:** *Bei einem Kompaßkurs von 100° peilt man mit dem Peilkompaß die Landmarke P zunächst unter 065°, später unter 005°. Zwischen den Peilungen wurden 3 sm zurückgelegt. Mw = +01°. Wo steht die Yacht bei der letzten Peilung (Abb. A)?*

**Konstruktion:**
1. Verwandele beide Peilungen in rechtweisende Peilungen und trage sie in die Karte ein!

| 1. Peilung | | 2. Peilung | |
|---|---|---|---|
| MgP | 065° | MgP | 005° |
| Abl | + 09° | Abl | + 09° |
| mwP | 074° | mwP | 014° |
| Mw | + 01° | Mw | + 01° |
| rwP | 075° | rwP | 015° |

2. Trage vom Koppelort zum Zeitpunkt der 1. Peilung die Versegelung von 3 sm ab!
3. Ziehe durch den so ermittelten Koppelort $O_k$ eine Parallele zur ersten Peillinie! Sie schneidet die zweite Peillinie im gesuchten Schiffsort $O_b$.

Das Prinzip der Doppelpeilung kann auch dann angewandt werden, wenn nach der ersten Peilung die Landmarke verschwindet und etwas später ein anderes Peilobjekt auftaucht. Man spricht dann von der **abgestumpften Doppelpeilung**.

**Beachte:** Da bei Doppelpeilungen — anders als bei der Kreuzpeilung — die Versegelung zwischen den beiden Peilungen mit eingeht, können unbekannte Stromverhältnisse oder Steuerfehler große Ungenauigkeiten verursachen. Deshalb werden Doppelpeilungen in der Sportschiffahrt weitaus seltener angewandt, als der Umfang der theoretischen Darstellung vermuten läßt.

# Verdoppelungspeilungen

Verdoppelungspeilungen (auch Verdoppelung der Seitenpeilung genannt) sind spezielle Doppelpeilungen: Man nimmt die 2. Peilung genau dann vor, wenn der mit der Kiellinie gebildete Winkel doppelt so groß ist wie bei der ersten Peilung, sich also verdoppelt hat.
Dann ist die zwischen den Peilungen zurückgelegte Versegelung gleich dem Abstand zum Peilobjekt beim letzten Peilzeitpunkt.

### Zum Beispiel:
*Die Landmarke P wird bei der 1. Peilung unter 20°, bei der 2. Peilung unter 40° an Bb gepeilt ( vgl. Abb. B). MgK = 110°, Mw = −03°. Loggedistanz zwischen beiden Peilungen: 4 sm. Wo steht man?*

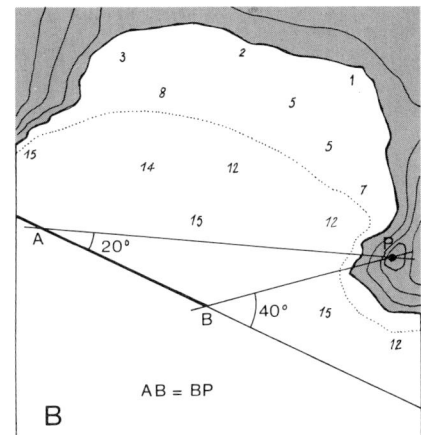

B

AB = BP

### Konstruktion:
1. Die letzte Peilung wird mit Mw und Abl beschickt und in die Karte eingetragen:

| MgK | 110° | | |
|---|---|---|---|
| Abl | + 08° | | |
| mwK | 118° | SP | 320° |
| Mw | − 03° | rwK | 115° |
| rwK | 115° | rwP | 075° |

2. Die abgelaufene Distanz von 4 sm wird vom Peilobjekt P auf der 2. Peillinie abgetragen. Als Schnittpunkt ergibt sich der Schiffsort.

## Die 27°/45°-Peilung
Hier nimmt man die erste Seitenpeilung bei 27°, die zweite bei 45°. Dann entspricht die versegelte Distanz dem zu erwartenden Passageabstand.

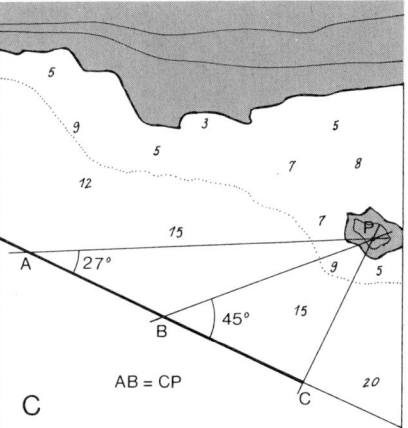

C

AB = CP

### Zum Beispiel:
*Bei einer 27°/45°-Peilung liest man auf der Logge zuerst 17,6 und dann 21,1 ab. MgK = 110°, Mw = + 02°. Kann man bei gleichbleibendem Kurs sicher weiterlaufen (vgl. Skizze C)?*

### Konstruktion:
1. Trage das Lot zum angesetzten Koppelkurs von P aus in die Karte ein!
2. Trage die Loggedistanz von 21,1 sm − 17,6 sm = 3,5 sm von P aus ab. Der Schnittpunkt ergibt den zu erwartenden Passageabstand.

**Vorteil** dieses Verfahrens: Man kennt rechtzeitig den Passageabstand.
**Nachteil:** Ungünstige Schnittwinkel!

## Die Vierstrichpeilung
Hier wird die erste Peilung bei 45°, die zweite bei 90° vorgenommen. Dann entspricht die Versegelung dem Passageabstand zum zweiten Peilzeitpunkt. Die zeichnerische Lösung erfolgt wie bei der 27°/45°-Peilung (Abb. D).

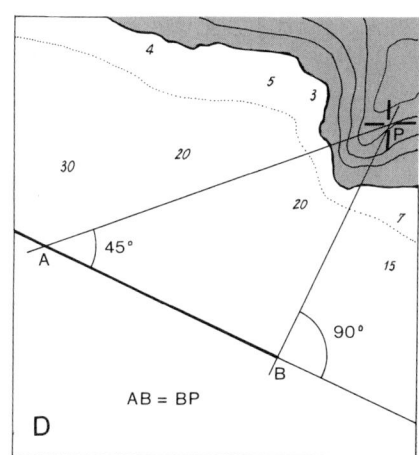

D

AB = BP

**Vorteil:** Günstige Schnittwinkel.
**Nachteil:** Man erfährt zu spät, ob der Passageabstand groß genug ist.

## Übungen

**1** Von der Großtonne *Fehmarnbelt* ausgehend, setzt man rechtweisen Kurs mit 290° ab. Als *LT Keldsnor* in Sicht kommt, peilt man ihn mit dem Kompaß unter 341°, die Logge zeigt 12,3. Sobald die Logge 14,5 zeigt, peilt man den Leuchtturm unter 002° am Kompaß. MW = −02°.

Wo steht man zum Zeitpunkt der letzten Peilung?

**2** Bei einem rechtweisenden Koppelkurs von 235° läuft man südöstlich an *Langeland* vorbei. Bei einem Loggestand von 53,0 peilt man den *LT Keldsnor* am Kompaß mit 271°, etwas später bei einem Loggestand von 55,1 mit 301°. Wo steht man (Mw = −02°)?

**3** Bei einem rechtweisenden Kurs von 074° will man an der *Markelsdorfer Huk* vorbeilaufen *(NW-Fehmarn)*. Wegen der vorgelagerten Unreinheiten möchte man sich vom *LT Westermarkelsdorf* mindestens mit 1,5 sm freihalten.

Bei einer Fahrt von 6 kn peilt man den Leuchtturm um 1210 mit einer Seitenpeilung von 027° und um 1222 unter 045°.
Wie groß ist der Passierabstand?

**4** Man läuft mit rechtweisend 032° östlich von *Langeland* in den *Großen Belt*. Bei einem Loggestand von 15,3 peilt man den Leuchtturm *Keldsnor* mit der Peilscheibe unter 315°. Als später die Logge 17,0 angibt, peilt man den Leuchtturm mit 270°. Wo steht man bei der 2. Peilung?

**5** Bei mäßigem SW-Wind, etwa 3 Bft, kommt eine Yacht auf Bb-Bug laufend aus dem *Kleinen Belt*. Am Kompaß werden 152° gesteuert, Mw = −02°. Man beobachtet um 2040 folgende Leuchtfeuererscheinungen:

– In etwa 3 Strich Bb voraus: ein weißes unterbrochenes Feuer. Man ermittelt bei der Seitenpeilung in Bb 039°.

– Etwa Stb querab ein schwaches rotes unterbrochenes Feuer mit Gruppen von 2 Unterbrechungen. Man peilt an Stb 082°.

– Etwas weiter achterlich, ebenfalls an Stb, ein weiteres rotes unterbrochenes Feuer, das man jedoch nicht peilt.

– Nochmals weiter achterlich ein weißes unterbrochenes Feuer mit Gruppen von 3 Unterbrechungen. Man peilt es an Stb unter 122°.

a) Um welche Feuer handelt es sich?
b) Warum wurde das rote unterbrochene Feuer nicht gepeilt?
c) Wo steht die Yacht um 2040?
d) Man loggt die Fahrt mit 9 m in 3 Sekunden. Bei gleichem Kurs peilt man um 2120 abermals *LT Vejsnäs Nakke* an Bb unter 086°. Wo steht die Yacht um 2120?
e) Wie stark ist man versetzt?
f) Von hier aus wird rechtweisend Ost-Kurs abgesetzt. Auf diesem Kurs peilt man bald Leuchtturm *Vejsnäs Nakke* unter 027° an Bb bei einem Loggestand von 26,6 und etwas später und 045° an Bb bei einem Loggestand von 27,8.
Wo steht man zum Zeitpunkt der letzten Peilung?
g) Wie groß wird der Passierabstand zum Leuchtturm sein?
h) Bei einem Loggestand von 29,2 peilt man den Leuchtturm an Bb querab. Was ergibt sich aus dieser Angabe unmittelbar?

# 7 Schiffsort durch Doppelpeilung

## Lösungen

**1** Beide Kompaßpeilungen werden beschickt:

| | | |
|---|---|---|
| MgP | 341° | 002° |
| Abl (MgK) | − 10° | − 10° |
| mwP | 331° | 352° |
| Mw | − 02° | − 02° |
| rwP | 329° | 350° |

Beachte, daß die Deviation des MgK = 302° eingesetzt werden muß!
Dann wird die Loggendistanz errechnet:

| | |
|---|---|
| Loggestand neu | 14,5 |
| − Loggestand alt | 12,3 |
| Loggedistanz | 2,2 |

Wenn man beide rechtweisenden Peilungen und die Versegelung von 2,2 sm durch Parallelverschiebung einträgt, erhält man als Schiffsort: $\varphi = 54° 40,2'$ N; $\lambda = 010° 44,5'$ E

**2** Es handelt sich um eine Verdoppelungspeilung, denn die 1. Peilung wurde in 030° an Stb vorgenommen, die 2. Peilung in 060°. Dies erkennt man deutlich, wenn man den rwK mit seiner Fehlweisung zum MgK beschickt:

| | |
|---|---|
| rwK | 235° |
| entg. Fw | + 06° |
| MgK | 241° |

Zur Schiffsortermittlung braucht nur die letzte Peilung zur rechtweisenden Peilung beschickt zu werden:

| | |
|---|---|
| MgP | 301° |
| Fw | − 06° |
| rwP | 295° |

Auf dieser Peillinie wird die Loggedistanz von 2,1 sm vom *LT Keldsnor* aus abgetragen. Schiffsort: $\varphi = 54° 43'$ N; $\lambda = 010° 46,7'$ E

**3** Es handelt sich um eine 27°/45°-Peilung. Der Passageabstand entspricht dann der Versegelung zwischen beiden Peilungen.

Es gilt: $D \text{ (sm)} = \dfrac{F \text{ (kn)} \cdot t \text{ (min)}}{60}$

$= \dfrac{6 \cdot 12}{60} = \underline{\underline{1,2}}$

Der Passageabstand wird 1,2 sm betragen. Man muß also noch etwas weiter abhalten, will man mit 1,5 sm passieren.

**4** Man hat eine Vierstrichpeilung an Bb vorgenommen. Zur Auswertung braucht nur die letzte Peilung beschickt werden:

| | |
|---|---|
| SP | 270° |
| rwK | 032° |
| rwP | 302° |

Auf dieser Peillinie trägt man die Versegelung von 1,7 sm ab und erhält als Schiffsort: $\varphi = 54° 43'$ N; $\lambda = 010° 45,9'$ E

**5** Vgl. Kartenausschnitt nebenan!
a) Man hat folgende Leuchtfeuer beobachtet:
 − *Vejsnäs Nakke*  − *Kegnäs*
 − *Falshöft*  − *Gammel Pöl*
b) Bei der ausgeführten Kreuzpeilung ergäbe die Standlinie vom Leuchtfeuer *Kegnäs* einen ungünstigen Schnittwinkel, nämlich einen „schleifenden Schnitt".
c) Beschickung des MgK:

| | |
|---|---|
| MgK | 152° |
| Abl | + 05° |
| mwK | 157° |
| Mw | − 02° |
| rwK | 155° |

Vor der Beschickung der Seitenpeilungen muß die Bb-Peilung von *LT Vejsnäs Nakke* in eine Rundum-Peilung verwandelt werden:
$360° − 039° = 321°$.

| | Vejsnäs N. | Falshöft | Gammel Pöl |
|---|---|---|---|
| SP | 321° | 082° | 122° |
| rwK | 155° | 155° | 155° |
| rwP | 116° | 237° | 277° |

Schiffsort: $\varphi = 54° 52,2'$ N; $\lambda = 010° 14,5'$ E

d) Die Beschickung ergibt:

| SP | 086° ≙ 274° |
|---|---|
| rwK | 155° |
| rwP | 069° |

Die Fahrt der Yacht beträgt: $\dfrac{2 \cdot 9}{3} = 6\ \text{kn}$

Zwischen beiden Peilungen wurde zurückgelegt: $D = F \cdot t = 6 \cdot \dfrac{40}{60} = 4\ \text{sm}$

Die Doppelpeilung ergibt als Schiffsort:
$\varphi = 54° 47{,}9'\ \text{N};\ \lambda = 010° 20'\ \text{E}$

e) Um die Bestecksversetzung zu ermitteln, muß der Loggeort für 2120 eingetragen werden. Davon ausgehend erhält man:
BV = 117° − 1,6 sm

f) Die Beschickung der Peilungen ergibt:

| SP | 027° ≙ 333° | 045° ≙ 315° |
|---|---|---|
| rwK | 090° | 090° |
| rwP | 063° | 045° |

Die Konstruktion der Doppelpeilung ergibt als Schiffsort:
$\varphi = 54° 47{,}8'\ \text{N};\ \lambda = 010° 23{,}4'\ \text{E}$

g) Der Passierabstand ist gleich der Loggedifferenz, da eine 27°/45°-Peilung vorgenommen wurde. Also: 27,8 − 26,6 = 1,2 sm.

h) Man ist offensichtlich etwas nach Süden versetzt worden. Denn die 45°-Peilung und die Querab-Peilung bilden eine Vierstrichpeilung, bei der der Querabstand gleich der Loggedifferenz ist. Hierbei ergibt sich 29,2 − 27,8 = 1,4 sm. Kurz zuvor hat man jedoch noch einen zu erwartenden Querabstand von 1,2 sm errechnet.

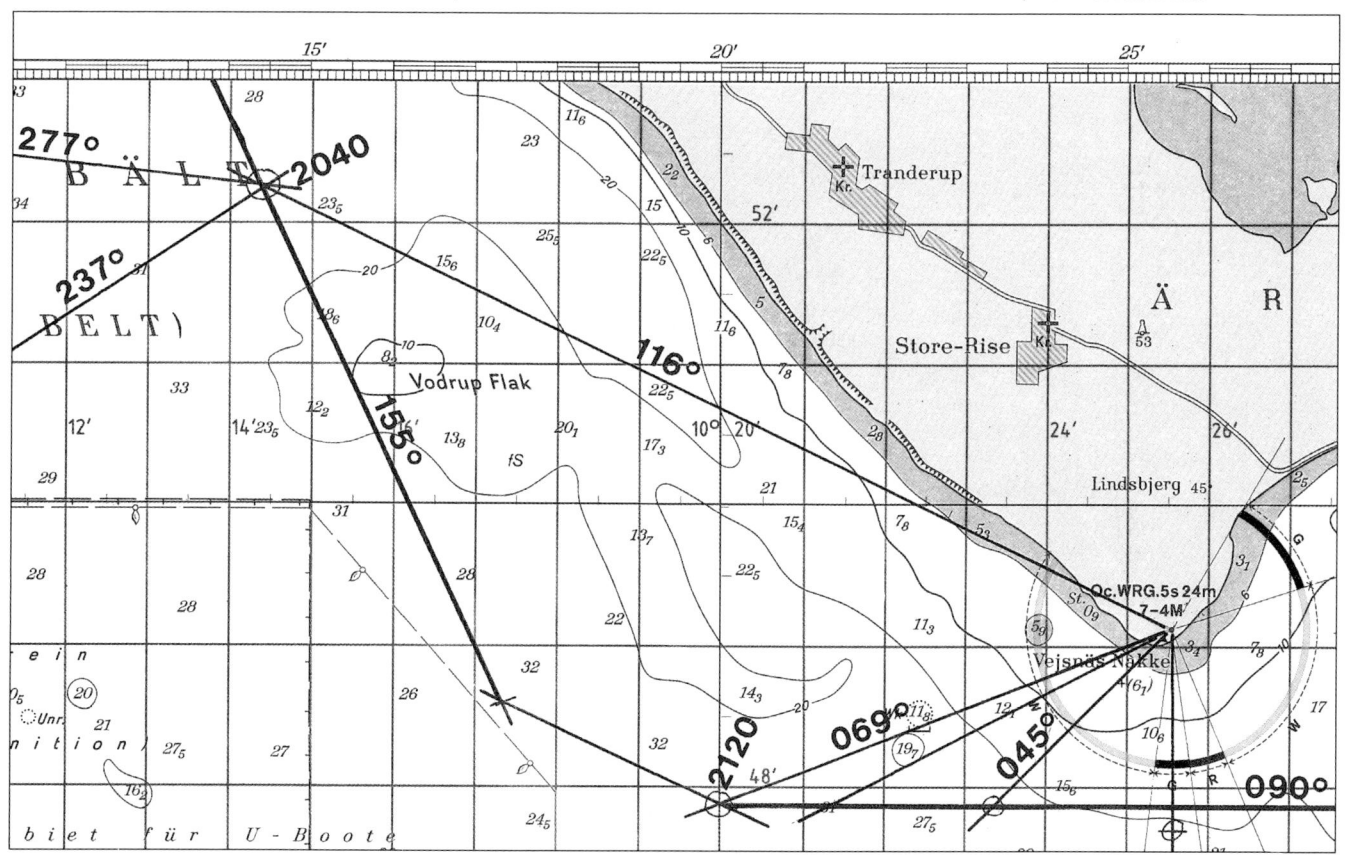

# 8 Abstands-bestimmung

Jede Abstandsbestimmung ergibt eine kreisförmige Standlinie mit dem Radius des Abstandes um den Punkt, zu dem der Abstand ermittelt wurde.

Am häufigsten verwendet man folgende Verfahren:
- Abstand eines Feuers in der Kimm
- Abstand durch Höhenwinkelmessung

**Merke:**

## 1. Feuer in der Kimm (Abb. A):

Der Abstand A eines Leuchtfeuers, das gerade in der Kimm erscheint, ist abhängig von der Höhe H der Laterne über dem Wasserspiegel und der Augenhöhe Ah des Beobachters. Allgemein gilt:

$$A\,(\text{sm}) = 2{,}1 \cdot (\sqrt{H\,(\text{m})} + \sqrt{Ah\,(\text{m})})$$

Die Laternenhöhe H entnimmt man dem Leuchtfeuerverzeichnis.

**Zum Beispiel:**

*Auf einer Yacht taucht ein Feuer in der Kimm auf, dessen Laterne 49 m über dem Wasserspiegel liegt. Ah = 2 m. Wie weit ist man vom Leuchtturm entfernt?*

$$A = 2{,}1 \cdot (\sqrt{49} + \sqrt{2}) = 2{,}1 \cdot (7 + 1{,}4) = \underline{\underline{17{,}6\ \text{sm}}}$$

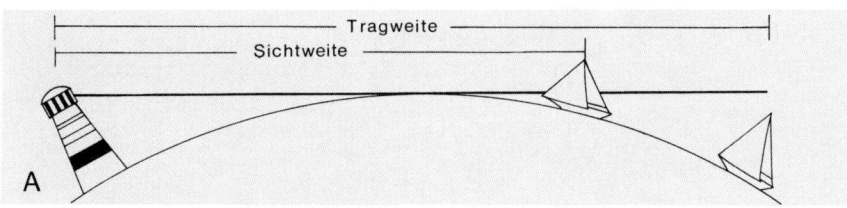

**Merke:**

## 2. Höhenwinkelmessung (Abb. B):

Der Abstand A einer Landmarke (Berggipfel, Leuchtturm), deren Höhe H aus der Seekarte oder dem Leuchtfeuerverzeichnis bekannt ist, ist abhängig von dem Winkel n, unter dem uns die Landmarke von See aus erscheint. Allgemein gilt:

$$A\,(\text{sm}) = \frac{13}{7} \cdot \frac{H\,(\text{m})}{n\,(\text{min})}$$

**Zum Beispiel:**

*Auf einer Yacht wird der Höhenwinkel eines Turmes (Turmspitze bis Wasserspiegel: 48 m) mit 30 Minuten gemessen. Wie weit ist man vom Turm entfernt?*

$$A = \frac{13}{7} \cdot \frac{48}{30} \approx \underline{\underline{3\ \text{sm}}}$$

**Hinweis:**

Anstelle der Formeln können auch die Tabellen *Abstand eines Feuers in der Kimm* im Leuchtfeuerverzeichnis und *Höhenwinkel in Minuten (Fulst, Nautische Tafeln 10)* verwendet werden, vgl. S. 98/99. Bei der Höhenwinkelmessung beachte den Hinweis auf S. 97!

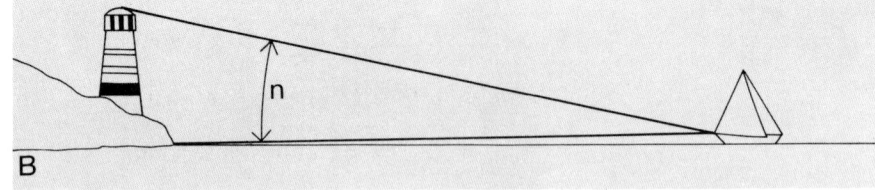

| | |
|---|---|
| **Merke:** | Diese Formel gilt jedoch nur so lange, wie der Fußpunkt der Landmarke sichtbar ist, also vor der Kimm liegt. Liegt der **Fußpunkt hinter der Kimm,** so gilt: |

$$A = \sqrt{3,71\,(H - Ah) + (n - 1,8\,\sqrt{Ah})^2} - (n - 1,8\,\sqrt{Ah})$$

Hierbei ist
$A$ = Abstand in Seemeilen
$H$ = Objekthöhe in Metern
$Ah$ = Augenhöhe des Beobachters in Metern
$n$ = beobachteter Höhenwinkel in Minuten

Dieses Verfahren hat vor allem bei der Annäherung an hohe Berggipfel, wie z. B. im Mittelmeer, Bedeutung.

**Zum Beispiel:** *Man mißt den Höhenwinkel eines 220 m hohen Berggipfels aus einer Augenhöhe von 3 m mit dem Sextanten unter 29,1'. Wie weit ist man entfernt?*

$$A = \sqrt{3,71\,(220 - 3) + (29,1 - 1,8\,\sqrt{3})^2} - (29,1 - 1,8\,\sqrt{3}) = 12,49$$

*Man ist also noch 12,5 sm vom Berggipfel entfernt.*

# Übungen

**1** Wie weit ist man von folgenden Leuchttürmen entfernt, wenn man bei normalen Sichtverhältnissen die angegebenen Feuererscheinungen gerade in der Kimm wahrnehmen kann? Vgl. auch den Auszug aus dem Leuchtfeuerverzeichnis auf S. 96 und die Tabelle *Abstand eines Feuers in der Kimm* auf S. 99!
a) *LF Falshöft,* weißer Sektor, Ah = 3 m
b) *LF Kegnäs,* weißer Sektor, Ah = 2 m
c) *LF Kalkgrund,* Sektor des Blitzfeuers, Ah = 4 m
d) *LF Kalkgrund,* grüner Festfeuersektor, Ah = 2 m

**2** Auf einer Yacht setzt man am *LT Schleimünde* einen rwK von 060° ab. Wo steht die Yacht, als man aus einer Augenhöhe von 3 m voraus erstmals ein weißes unterbrochenes Feuer wahrnimmt? Vgl. auch den Auszug aus dem Leuchtfeuerverzeichnis auf S. 96!

**3** Berechne den Abstand aus folgenden Messungen:
a) *LT Falshöft* unter 17,8'. Gemessen wurde die Turmhöhe.
b) *LT Kegnäs* unter 7,4'. Gemessen wurde die Turmhöhe.
c) *LT Kegnäs* unter 31'. Gemessen wurde die Turmspitze bis zum Wasserspiegel.
d) *LT Kalkgrund* unter 26'. Gemessen wurde die Turmhöhe.
e) Ein Hügel auf φ = 54° 32,2' N; λ = 009° 58,2' E unter 34'. Gemessen wurde bis zum Wasserspiegel.

**4** Eine Yacht steht um 1340 an der Warngebiet-Tonne 8a in der *Eckernförder Bucht.* Von hier wird Kurs abgesetzt zur Tonne *Gabelsflach Ost.* Mw = −02°.
a) Was wird am Kompaß gesteuert?
b) Das Speedometer zeigt 6 kn Fahrt. Wo müßte man voraussichtlich um 1435 stehen?
c) Um 1435 mißt man zur Kontrolle den Höhenwinkel, unter dem *LT Bülk* erscheint, mit 15,5' und den Höhenwinkel, unter dem *LT Kiel* erscheint, mit 24,5'. Wo steht die Yacht?
d) Wie ist man versetzt?
e) Von hier aus wird Kurs abgesetzt zur Tonne *Gabelsflach Ost.* Nach einiger Zeit mißt man nochmals den Höhenwinkel *LT Kiel,* diesmal mit 20,5'. Zugleich peilt man den *LT Kiel* mit der Peilscheibe unter 166°. Wo steht man?

# 8 Abstands-bestimmung

## Lösungen

**Beachte,** daß eine Abstandsbestimmung allein aus der Tragweite eines Feuers äußerst ungenau ist, da sie durch ungünstige Sicht- und Witterungsverhältnisse stark verringert sein kann.

**1** a) Aus der Seekarte und dem Leuchtfeuerverzeichnis entnimmt man die Feuerhöhe mit 25 m. Ah = 3 m. Dann gilt:
$$D = 2,1 \cdot (\sqrt{25} + \sqrt{3}) = 14,1 \text{ sm}$$
Aus der Tabelle erhält man: 13,9 sm
b) Feuerhöhe = 32 m; Ah = 2 m
   Sichtweite: 14,8 sm
   Aus der Tabelle erhält man 14,6 sm.
c) Feuerhöhe = 22 m; Ah = 4 m
   Sichtweite: 14,0 sm
   Aus der Tabelle erhält man 13,8 sm.
d) Feuerhöhe = 22 m; Ah = 2 m
   Sichtweite: 12,8 sm
   Aus der Tabelle erhält man 12,6 sm.
Hier fallen Sichtweite und Tragweite fast zusammen. Bei schlechten Sichtverhältnissen kann das Feuer durchaus erst später sichtbar werden – dann allerdings nicht mehr in der Kimm, sondern vor der Kimm.

**2** Man könnte annehmen, daß man gerade das Leuchtfeuer *Vejsnäs Nakke* in der Kimm wahrnimmt. Dann ergäbe sich folgender Abstand:
   Feuerhöhe = 24 m; Ah = 3 m
   Sichtweite: 13,9 sm
   Aus der Tabelle erhält man 13,7 sm.
Diese Rechnung gilt aber nur dann, wenn das Feuer mindestens so weit trägt, wie sich die Sichtweite errechnet. In unserem Fall beträgt die Tragweite jedoch nur 7 sm. Man ist deshalb also höchstens 7 sm vom Leuchtturm entfernt.

**3** a) Turmhöhe aus dem Lfv.: 24 m
       Entfernung aus der Tabelle: <u>2,5 sm</u>
b) Turmhöhe aus dem Lfv.: 18 m
   Entfernung aus der Tabelle: <u>4,5 sm</u>

Selbst bei einer niedrigen Augenhöhe des Beobachters liegt der Fußpunkt noch nicht jenseits der Kimm. Denn der Turm steht, wie man dem Lfv. entnimmt, auf einem kleinen Hügel, da die Lichtquelle des Leuchtfeuers auf 32 m Höhe liegt.
c) Turmhöhe bis zum Wasserspiegel = 33 m, wenn man davon ausgeht, daß die Lichtquelle des Feuers 1 m unter der Turmspitze liegt.
   Entfernung aus der Tabelle: <u>2,0 sm.</u>
d) Turmhöhe aus dem Lfv.: 24 m
   Entfernung aus der Tabelle: <u>1,75 sm</u>
e) Höhe des Hügels aus der Karte: 50 m
   Entfernung aus der Tabelle: <u>2,75 sm</u>

**4** Vgl. Kartenausschnitt nebenan!
a)    rwK     083° (aus der Karte)
   entg. Mw  + 02°
   ─────────────────
      mwK     085°
   entg. Abl  − 10°
   ─────────────────
      MgK     075°

b) Fahrtzeit: 1435 − 1340 = 55 min

Es gilt: $D \text{ (sm)} = \dfrac{F \text{ (kn)} \cdot t \text{ (min)}}{60}$

$$= \frac{6 \cdot 55}{60} = 5,5 \text{ sm}$$

Den Koppelort erhält man durch Antragen dieser 5,5 sm auf dem Koppelkurs von 83°. Man erhält:
$\varphi = 54° \, 30,8' \text{ N}; \lambda = 010° \, 13' \text{ E}$

c) Höhe *LT Bülk* aus Lfv.: 25 m
Entfernung aus Tabelle: <u>3,0 sm</u>

Höhe *LT Kiel* aus Lfv.: 33 m
Entfernung aus Tabelle: <u>2,5 sm</u>

Trägt man beide Standlinien mit einem Zirkel ein, so ergeben sich 2 Schnittpunkte. Der südöstliche von beiden ist auf diesem Koppelkurs wohl völlig unwahrscheinlich und scheidet aus. Man erhält dann als Schiffsort:
$\varphi = 54° 30,3'$ N; $\lambda = 010° 12,2'$ E

d) BV = $230° - 0,6$ sm

e) Entfernung *LT Kiel* aus Tabelle: <u>3,0 sm</u>

| | |
|---|---|
| SP | 166° |
| rwK | 079° (aus der Karte) |
| rwP | 245° |

Als Schiffsort ergibt sich:
$\varphi = 54° 31,3'$ N; $\lambda = 010° 21,2'$ E

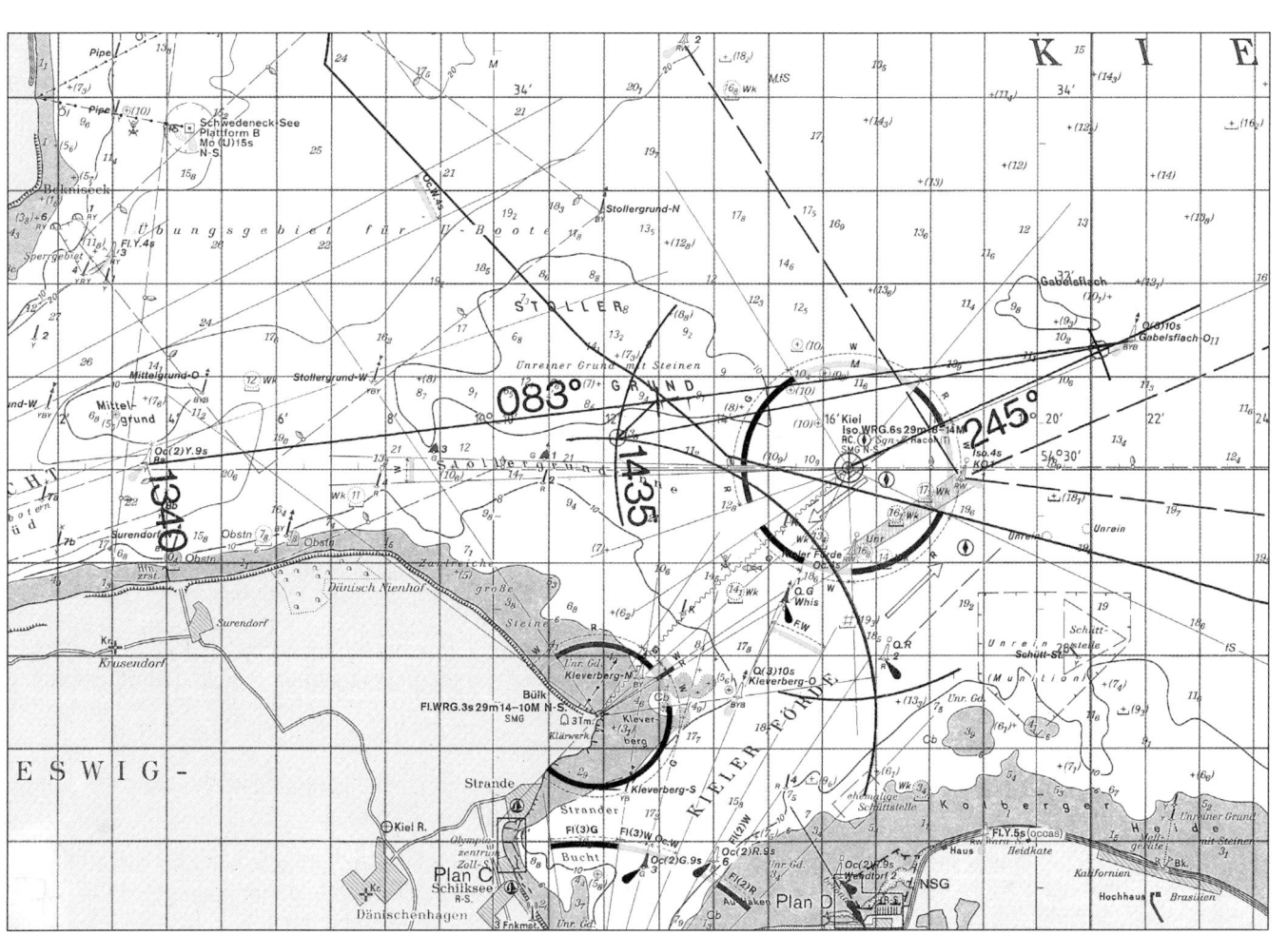

# 9 Horizontal-winkelmessung

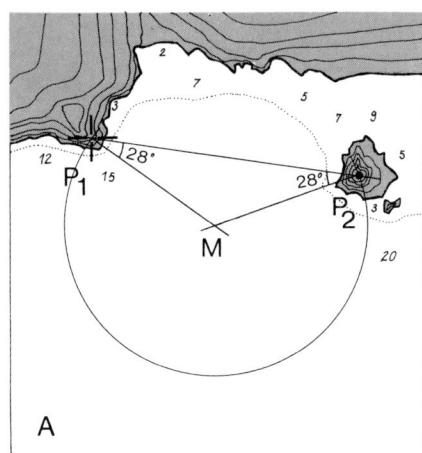

A

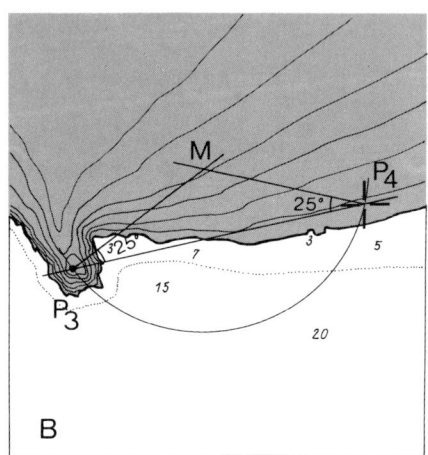

B

**Merke:** Die Horizontalwinkelmessung ergibt eine kreisbogenförmige Stand-linie, indem man mit dem Sextanten den Winkel mißt, unter dem vom Beobachtungsort aus zwei verschiedene Landmarken erscheinen.

Es handelt sich also nicht um eine Peilung, sondern um eine von der Nord-richtung unabhängige Winkelmessung, die deshalb eine sehr genaue Standlinie ergibt, weil keine Kompaßfehler — wie Mißweisung oder Ablen-kung — eingehen.

**Zum Beispiel:** *Auf einer Yacht wird der Horizontalwinkel zwischen $P_1$ und $P_2$ mit 62° ge-messen (vgl. Abb. A). Wo steht die Yacht?*

**Konstruktion:**
1. Verbinde die Punkte $P_1$ und $P_2$!
2. Bilde den Ergänzungswinkel zu 90°, also: 90° −62° = 28°.*
3. Trage in $P_1$ und $P_2$ jeweils 28° zum Schiffsort hin an!
4. Der Schnittpunkt M dieser beiden Linien ist der Mittelpunkt unserer Standlinie. Wir ziehen also einen Kreis um M mit dem Radius $MP_1$ bzw. $MP_2$. Irgendwo auf diesem Kreisbogen steht die Yacht.

* Falls der **gemessene Winkel größer als 90°** ist, ergibt sich hierbei ein negativer Wert. Dann müssen wir den gefundenen Winkel **vom Schiffsort weg** antragen.

**Zum Beispiel:** *Man hat einen Horizontalwinkel von 115° gemessen. Wo ist der Mittel-punkt unserer Standlinie (vgl. Abb. B)?*

1. Wir rechnen: 90° − 115° = −25°
2. Wir tragen in $P_3$ und $P_4$ jeweils 25° vom Schiffsort weg an und erhalten so den Mittelpunkt M unserer Standlinie.

**Merke:** Schneller und einfacher arbeitet man mit dem **Taschenrechner,** indem man unmittelbar den Radius r der Standlinie errechnet aus:

$$r = \frac{d}{2 \cdot \sin \alpha}$$

Hierbei ist $\alpha$ der gemessene Horizontalwinkel; und d ist der Abstand zwischen den beiden Landmarken $P_1$ und $P_2$, den wir unmittelbar der Seekarte entnehmen können.
Mit r im Zirkel ziehen wir je einen Kreisbogen um $P_1$ und $P_2$ und erhalten als Schnittpunkt den Mittelpunkt M. Und um M ziehen wir mit dem gleichen Radius r einen weiteren Kreis, der bereits die gesuchte Standlinie darstellt.

# Übungen

**1** Errechne aus dem gemessenen Horizontalwinkel $\alpha$ den Ergänzungswinkel zu 90° ($\beta$) und gib an, ob der Beobachter auf dem größeren oder kleineren Bogenstück steht!
Gemessene Horizontalwinkel:

a) $\alpha = 19° 16'$  d) $\alpha = 117° 33'$
b) $\alpha = 48° 40'$  e) $\alpha = 135° 59'$
c) $\alpha = 90°$

**2** Auf einer Yacht mißt man den Horizontalwinkel zwischen Leuchtturm *Kegnäs* und Leuchtturm *Gammel Pöl* mit 48° 50'. Zugleich peilt man mit dem Kompaß Leuchtturm *Kegnäs* unter 316°, während gerade 260° gesteuert wurden.
Mißweisung = −02°.
a) Wo steht die Yacht?
b) Welchen Nachteil hat diese Art von Schiffsortbestimmung?

**3** Man mißt den Horizontalwinkel zwischen *LT Kegnäs* und *LT Gammel Pöl* wiederum mit 48° 50'. Zugleich wird jedoch der Höhenwinkel gemessen, unter dem der *LT Kegnäs* (Turmhöhe) erscheint. Man mißt 13,4'.
a) Wo steht die Yacht?
b) Was ist über die Qualität dieser Ortsbestimmung zu sagen?

**4** Außer dem obigen Horizontalwinkel zwischen *LT Gammel Pöl* und *LT Kegnäs* von 48° 50' mißt man den Horizontalwinkel zwischen *LT Kegnäs* und *LT Falshöft* mit 73°. Wo steht man?

**5** Der Horizontalwinkel zwischen *LT Falshöft* und *LT Kegnäs* beträgt 31° 30', der Horizontalwinkel zwischen *LT Kegnäs* und *LT Gammel Pöl* 19° 30'. Wo steht die Yacht?

**6** Eine aus dem *Kleinen Belt* in die *Flensburger Förde* einlaufende Yacht möchte auf keinen Fall über die 4-m-Stelle südöstlich von *Gammel Pöl* laufen. Aus diesem Grund soll in der Seekarte der sogenannte „Gefahrenwinkel" bestimmt werden, unter dem *LT Kegnäs* und *LT Gammel Pöl* erscheinen. Unter Gefahrenwinkel versteht man denjenigen Horizontalwinkel zwischen den beiden Landmarken, der nicht überschritten werden darf, wenn man nicht auf die Untiefe geraten will.

# 9 Horizontal-winkelmessung

## Lösungen

**1**  a) β = 70° 44′, größerer Bogen.
b) β = 41° 20′, größerer Bogen.
c) β = 0°. Hier ist die Verbindung zwischen beiden Landmarken der Kreisdurchmesser, d. h. der Mittelpunkt dieser Verbindung ist bereits der Kreismittelpunkt. Die Bestimmung des Ergänzungswinkels ist also unnötig.
d) β = −27° 33′, kleinerer Bogen.
e) β = −45° 59′, kleinerer Bogen.

**2**  a) Die Kompaßpeilung wird beschickt:

| | |
|---|---|
| MgP | 316° |
| Abl | − 06° |
| mwP | 310° |
| Mw | − 02° |
| rwP | 308° |

Als Ergänzungswinkel zu 90° erhält man:
β = 90° − 48° 50′ = 41° 10′
Werden beide Standlinien eingetragen, so ergibt sich als Schiffsort φ = 54° 48,8′ N; λ = 010° 04,6′ E (vgl. Kartenausschnitt nebenan).
b) Obwohl hier mit der genauesten Standlinie der terrestrischen Navigation, nämlich der Horizontalwinkelmessung gearbeitet wurde, entfällt durch die Peilung dieser Vorteil: Sie bringt wieder die Unsicherheiten der Kompaßfehler in die Schiffsortbestimmung hinein. Deshalb ist es vernünftiger, als zweite Standlinie eine weitere Horizontalwinkelmessung oder eine Höhenwinkelmessung vorzunehmen.

**3**  a) Turmhöhe aus Lfv.: 18 m
Entfernung aus Tabelle: 2,5 sm
Wir erhalten 2 Standlinien: einmal den Kreisbogen durch die Horizontalwinkelmessung, zum anderen einen Kreis um den *LT Kegnäs* mit Radius von 2,5 sm aus der Höhenwinkelmessung. Der Schnittpunkt beider ergibt den Schiffsort: φ = 54° 48,9′ N; λ = 010° 01,2′ E (vgl. Kartenausschnitt nebenan).
b) Dieses Verfahren kann ohne Kompaß und seine Fehler durchgeführt werden – ebenso wie die Ortsbestimmung aus 2 Horizontalwinkelmessungen. Es zählt deshalb zu den genauesten Möglichkeiten der terrestrischen Navigation.

**4**  Für die 2. Horizontalwinkelmessung ergibt sich folgender Ergänzungswinkel zu 90°: β = 90° − 73° = 17°
Wird auch diese Standlinie eingetragen, so erhalten wir fast denselben Schiffsort wie in Übung 2.

**5**  Zunächst werden wieder die Ergänzungswinkel zu 90° gebildet. Man erhält für die erste Messung 58° 30′, für die zweite Messung 70° 30′.
Bei der Konstruktion der beiden Standlinien müssen wir feststellen, daß sie übereinanderfallen und wir keinen Schnittpunkt erhalten. Es liegt der (sehr seltene, aber mögliche) Fall vor, daß alle 3 Landmarken und der Beobachtungspunkt auf ein und demselben Kreisbogen liegen. Wir haben also nur eine Standlinie erhalten (vgl. Kartenausschnitt nebenan), aber keinen Schiffsort.

**6**  Der gesuchte Gefahrenwinkel beträgt 60°. Vgl. Kartenausschnitt nebenan!
Man erhält den Gefahrenwinkel, indem man von den beiden Leuchttürmen ausgehend 2 Linien an der gefährlichen 4-m-Stelle vorbeiführt. Wir können ihn so unmittelbar in der Karte messen. Der Schiffsführer unserer Yacht weiß nun, daß bei einer Horizontalwinkelmessung dieser Winkel nicht überschritten werden darf, um von der Untiefe frei zu bleiben. Denn je größer der Winkel, desto näher an den Landmarken befindet man sich.

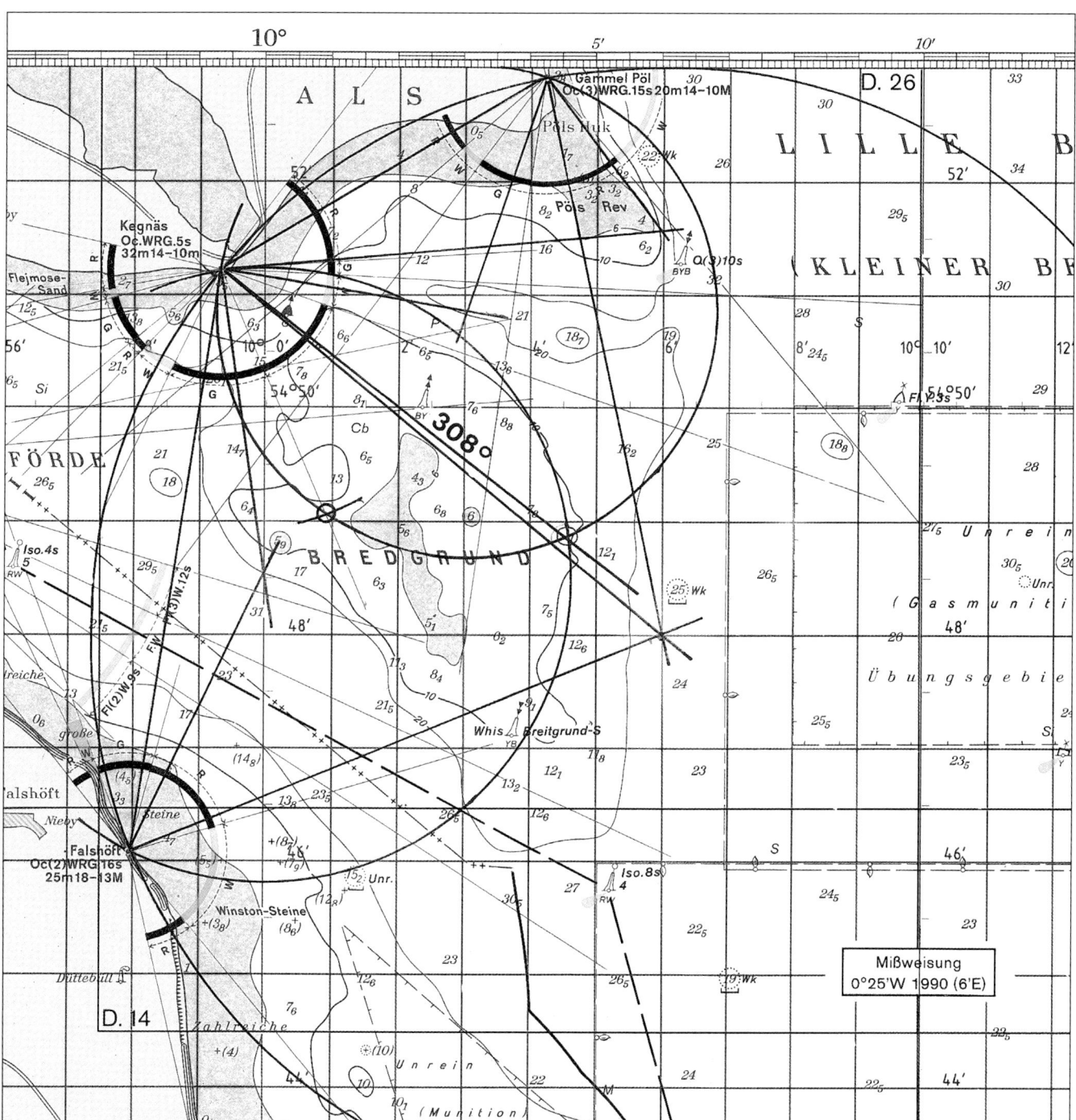

49

# 10 Abdrift

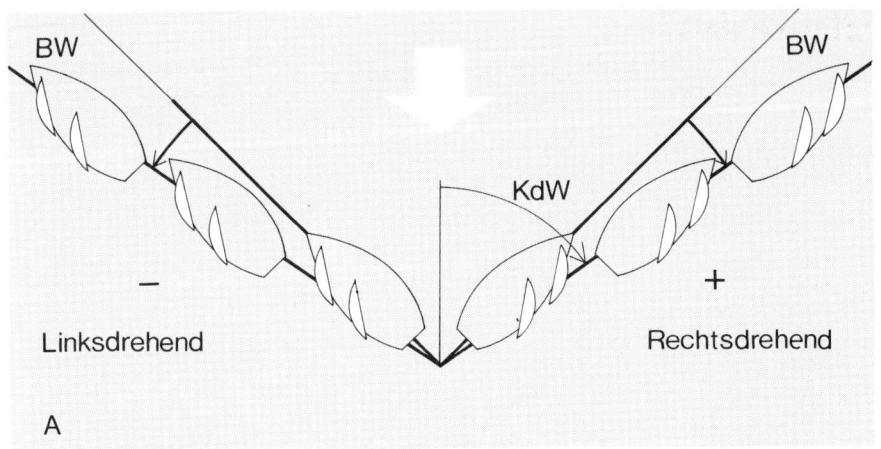

BW · BW · KdW · − · Linksdrehend · + · Rechtsdrehend · A

**Merke:** **Windeinfluß kann eine Yacht von ihrem rechtweisenden Kurs (rwK) nach Lee versetzen. Den Versetzungswinkel nennt man Abdrift oder Beschikkung für Wind (BW). Der Winkel ist positiv (+), wenn die Yacht nach Steuerbord versetzt wird, negativ (−), wenn sie nach Backbord versetzt wird.** Man unterscheidet (Abb. A):

● **Kurs durchs Wasser (KdW)** ist der Winkel zwischen der Bewegungsrichtung der Yacht durch Wasser (= Kielwasser) und rechtweisend Nord (rwN). Er ergibt sich durch die Abdrift.

● **Abdrift (= Beschickung für Wind** oder **Vorhalt)** ist der Winkel zwischen dem rechtweisenden Kurs (rwK) und dem Kurs durchs Wasser (KdW) bzw. zwischen der Kiellinie und dem Kielwasser einer Yacht.

Herrscht Abdrift, so wird in der Karte mit dem KdW gearbeitet.

**Zum Beispiel:** *a) Bei nordöstlichem Wind werden nach dem Kompaß 350° gesteuert. Die Abdrift wird auf 05° geschätzt. Mit welchem Kurs muß bei einer Mißweisung von −02° in der Karte gearbeitet werden?*

| MgK | 350° |
|-----|------|
| Abl | − 04° |
| mwK | 346° |
| Mw | − 02° |
| rwK | 344° |
| BW | − 05° (linksdrehend) |
| KdW | 339° |

*b) Man hat in der Karte einen Kurs von 155° abgesetzt. Bei den herrschenden östlichen Winden will man 07° vorhalten. Was muß bei einer Mißweisung von +04° am Kompaß gesteuert werden, um das Ziel zu erreichen?*

| KdW | 155° | |
|-----|------|---|
| entg. BW | − 07° | (rechtsdr.) |
| rwK | 148° | |
| entg. Mw | − 04° | |
| mwK | 144° | |
| entg. Abl | − 05,5° | |
| MgK | 138,5° | |

**Beachte:** Die BW ist zwar positiv, sie muß aber mit negativem Vorzeichen versehen werden, da man zum „falschen" Kurs hinrechnet.

# Übungen

**1** Welches Vorzeichen muß die BW oder Abdrift erhalten?
a) rwK = 090°, NE-Wind
b) rwK = 045°, E-Wind
c) rwK = 345°, ENE-Wind
d) rwK = 180°, N-Wind
e) rwK = 220°, SSE-Wind
f) rwK = 220°, W-Wind

**2** Mit welchem Kurs ist in den folgenden Fällen in der Karte zu arbeiten?
a) MgK = 232°, Mw = +03°, W-Wind, Abdrift wird auf 04° geschätzt.
b) MgK = Nord, Mw = −01°, NW-Wind, geschätzte Abdrift 05°.
c) MgK = 290°, Mw = +02°, NNW-Wind, geschätzte Abdrift 07°.
d) MgK = 130°, Mw = −05°, S-Wind, geschätzte Abdrift 05°.

**3** Was muß bei einer Mißweisung von −02° am Kompaß gesteuert werden, wenn man folgende Kurse laufen möchte:
a) von Leuchtturm *Kiel* zur Tonne *Stollergrund N* bei nördlichem Wind, geschätzte Abdrift 03°;
b) von Leuchtturm *Schleimünde* zur *Tonne 3* des *Kiel-Flensburg-Weges* bei ENE-Wind, geschätzte Abdrift 05°;
c) von Tonne *Gabelsflach O* zur Tonne *Stollergrund N* bei NNW-Wind, geschätzte Abdrift 04°;
d) von Tonne *Stollergrund W* zum Leuchtturm *Schleimünde* bei NE-Wind, geschätzte Abdrift 07°.

**4** Bei N-Wind läuft eine Segelyacht am Kompaß mit 036° am Wind. Mw = −02°. Die Abdrift wird auf 03° geschätzt.
a) Wie lautet der KdW?
b) Nach einiger Zeit wird gewendet. Man wendet unter einem Winkel von 100° durch den Wind. Wie lautet der neue KdW?
c) Was wird jetzt am Kompaß gesteuert?

**5** Eine Segelyacht steht bei der Warngebiet-Tonne 8 a in der *Eckernförder Bucht*. Am Kompaß werden 060° gesteuert. Wegen des NNE-Windes von 4 Bft rechnet man mit einer Versetzung von 03°. Mw = −02°.
a) Was ist ein Warngebiet?
b) Wie lautet der Kartenkurs?
c) Welche Tonne wird man auf diesem Kurs erreichen?
d) Von der Tonne *Stollergrund W* ausgehend, setzt man Kurs ab zur Tonne *Stollergrund N*. Man rechnet nun mit einer Abdrift von 04°. Warum?
e) Was muß am Kompaß gesteuert werden?
f) Bei *Stollergrund N* wird gewendet. Man setzt Kurs ab zur Sperrgebiet-Tonne 7 ($\varphi$ = 54° 38,9′ N; $\lambda$ = 010° 04,5′ E). Was muß man jetzt am Kompaß steuern?
g) Nach einiger Zeit erreicht man die Sperrgebiet-Tonne 4. Wie groß war die tatsächliche Abdrift?
h) Woran könnte diese beträchtliche Versetzung liegen?

# Lösungen

**1** a) rechtsdrehender Einfluß: +
b) linksdrehender Einfluß: −
c) linksdrehender Einfluß: −
d) keine BW, da achterlicher Wind!
e) rechtsdrehender Einfluß: +
f) linksdrehender Einfluß: −

**2** In allen Fällen ist mit BW zu rechnen. Deshalb muß in der Karte mit dem KdW gearbeitet werden.

|  | a) | b) | c) | d) |
|---|---|---|---|---|
| MgK | 232° | 000° | 290° | 130° |
| Abl | − 03° | − 02° | − 09° | + 06° |
| mwK | 229° | 358° | 281° | 136° |
| Mw | + 03° | − 01° | + 02° | − 05° |
| rwK | 232° | 357° | 283° | 131° |
| BW | − 04° | + 05° | − 07° | − 05° |
| KdW | 228° | 002° | 276° | 126° |

**3** Da mit Abdrift gerechnet wird, entnehmen wir den KdW aus der Karte und beschicken ihn zum MgK. Hierbei müssen wir beachten, daß wir vom „richtigen" zum „falschen" Kurs rechnen, also das entgegengesetzte Vorzeichen auch bei der BW einsetzen müssen. Also statt „+" bei rechtsdrehendem Einfluß nun „−" und statt „−" bei linksdrehendem Einfluß nun „+".

|  | a) | b) | c) | d) |
|---|---|---|---|---|
| KdW | 316° | 107° | 284° | 341° |
| entg. BW | + 03° | − 05° | + 04° | + 07° |
| rwK | 319° | 102° | 288° | 348° |
| entg. Mw | + 02° | + 02° | + 02° | + 02° |
| mwK | 321° | 104° | 290° | 350° |
| entg. Abl | + 08° | − 09,5° | + 10° | + 03° |
| MgK | 329° | 94,5° | 300° | 353° |

**4** a)

| MgK | 036° |
|---|---|
| Abl | + 06° |
| mwK | 042° |
| Mw | − 02° |
| rwK | 040° |
| BW | + 03° |
| KdW | 043° |

b) Man spricht von einer Wende von 100° dann, wenn der Winkel von Kiellinie (auf Stb-Bug) zu Kiellinie (auf Bb-Bug) 100° beträgt. Deshalb dürfen wir die 100° nicht auf den KdW beziehen, sondern auf den rwK. Denn der rwK ist definitionsgemäß (vgl. S. 12) auf die Kiellinie bezogen. Also:

| rwK auf Stb-Bug | 040° |
|---|---|
| − Wendewinkel | 100° |
| rwK auf Bb-Bug | 300° |
| BW (linksdrehend) | − 03° |
| neuer KdW | 297° |

c)

| rwK | 300° |
|---|---|
| entg. Mw | + 02° |
| mwK | 302° |
| entg. Abl | + 10° |
| MgK | 312° |

**5** Vgl. Kartenskizze nebenan!

a) Man unterscheidet Sperrgebiete, Warngebiete, Übungsgebiete und Gebiete mit Schiffahrtsbeschränkungen.
**Sperrgebiete** dürfen von nicht autorisierten Fahrzeugen nicht befahren werden. **Warn-** bzw. **Schießgebiete** sind nur während der Schießzeiten, die in den benachbarten Häfen bekanntgegeben werden, gesperrt. **Übungsgebiete** sind für die allgemeine Schiffahrt frei. Daneben gibt es Gebiete mit bestimmten **Schiffahrtsbeschränkungen,** z. B. Gebiete, in denen Ankern und Fischen verboten ist.

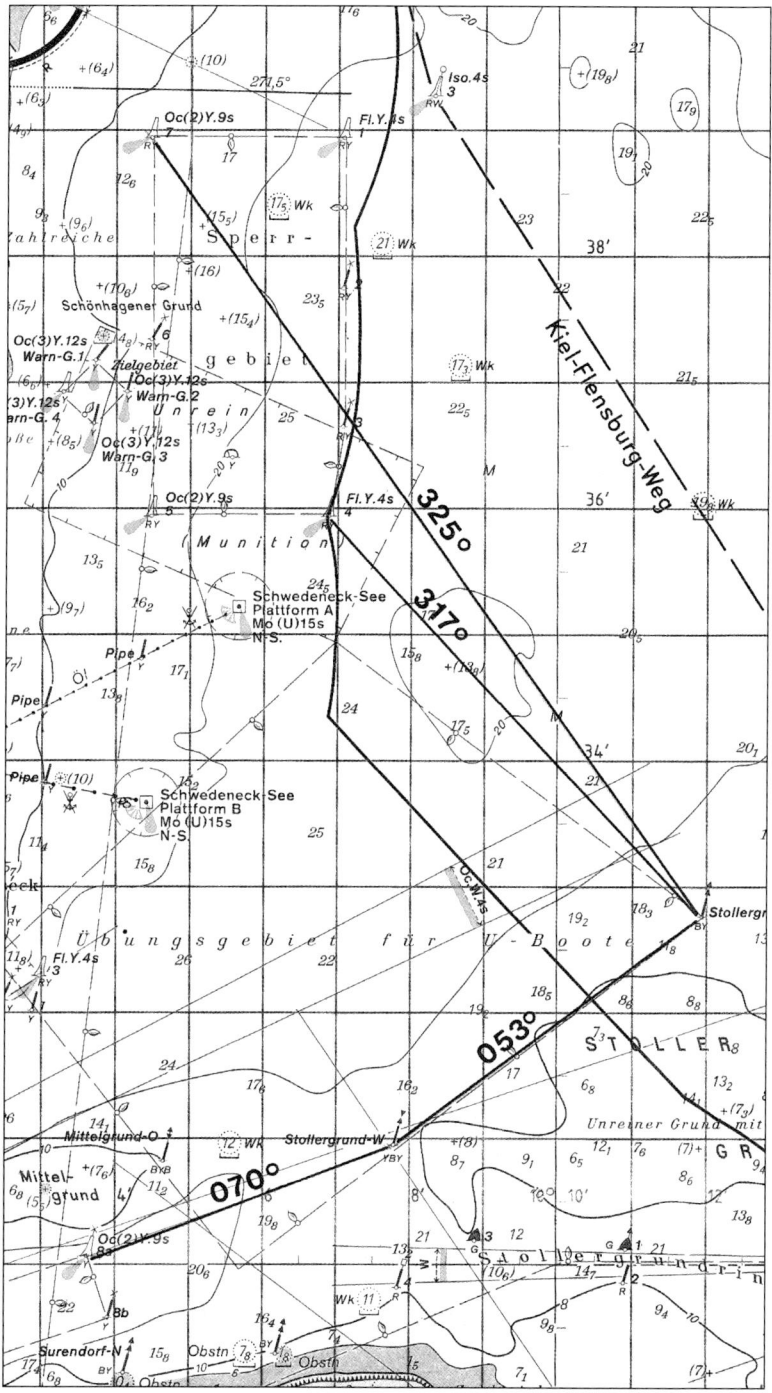

b)

| MgK | 060° |
|---|---|
| Abl | + 09° |
| mwK | 069° |
| Mw | − 02° |
| rwK | 067° |
| BW | + 03° (rechtsdrehend) |
| KdW | 070° |

Unter Kartenkurs (KaK) versteht man denjenigen Kurs, mit dem in der Karte gearbeitet wird. Er ist also ohne BW gleich dem rwK. Muß man dagegen BW berücksichtigen, so entspricht der KdW dem Kartenkurs.

c) Tonne *Stollergrund W*

d) Man läuft höher am Wind als zuvor.

e)

| | KdW | 053° |
|---|---|---|
| entg. BW | | − 04° |
| | rwK | 049° |
| entg. Mw | | + 02° |
| | mwK | 051° |
| entg. Abl | | − 07° |
| | MgK | 044° |

f) Beachte, daß nun die BW linksdrehend wirkt!

| | KdW | 325° |
|---|---|---|
| entg. BW | | + 04° |
| | rwK | 329° |
| entg. Mw | | + 02° |
| | mwK | 331° |
| entg. Abl | | + 07° |
| | MgK | 338° |

g) Der KdW war tatsächlich 317°, so daß man um weitere 8° versetzt wurde, insgesamt also um −12°.

h) Diese große Versetzung wird kaum allein am Wind liegen. Möglicherweise setzt zusätzlich Strom.

# 11 Strom

Merke: **Strom wird bezeichnet nach der Richtung, in die er setzt, und seiner Stärke (in sm/h).**
**Strom: NW — 3 sm/h** heißt, daß der Strom **nach** NW mit einer Geschwindigkeit von 3 sm/h setzt. NW-Wind heißt dagegen, daß der Wind **aus** NW weht. Strom kann den Kurs und die Fahrt einer Yacht beeinflussen. Wir unterscheiden:

- Strom setzt in bzw. entgegen Kursrichtung.
- Strom setzt seitlich, d. h. Kurs und Stromrichtung bilden einen Winkel.

Merke: **1. Strom in bzw. entgegen Kursrichtung:**

Er bewirkt eine Änderung der Geschwindigkeit, nicht aber der Fahrtrichtung: Mitlaufender Strom beschleunigt die Yacht, entgegensetzender Strom bremst die Yacht ab. Man unterscheidet also:

- **Fahrt durchs Wasser (FdW)** ist die Geschwindigkeit einer Yacht relativ zum Wasser, d. h. ohne Berücksichtigung von Strom. Sie wird vom Log angezeigt.
- **Fahrt über Grund (FüG)** ist die Geschwindigkeit einer Yacht relativ zum Meeresgrund. Sie ergibt sich also durch den Miteinfluß des Stromes. In unserem Fall gilt also: FdW $\pm$ Stromstärke = FüG.

**Zum Beispiel:** *Bei einem rwK von 145° zeigt die Logge einer Yacht 6 kn. Dem Seehandbuch entnimmt man, daß folgender Strom setzt: 325° −2 sm/h.*
*Wie groß ist die FdW, wie groß die FüG?*
*Die FdW enspricht der Loggenanzeige, also 6 kn.*
*Da der Strom genau entgegensetzt, gilt: FüG = 6 − 2 = 4 kn*

Merke: **2. Seitlicher Strom:**

Er bewirkt neben der Fahrtänderung auch eine Änderung der Fahrtrichtung. Wir unterscheiden deshalb:

- **Kurs durchs Wasser (KdW)** ist der Winkel zwischen rechtweisend Nord (rwN) und der Bewegungsrichtung der Yacht durchs Wasser.
- **Kurs über Grund (KüG)** ist der Winkel zwischen rechtweisend Nord (rwN) und dem tatsächlich über Grund zurückgelegten Weg.
- **Beschickung für Strom (BS)** oder **Stromversetzung** oder **Stromvorhalt** ist der Winkel zwischen dem KdW und dem KüG.

Es gilt also:

| KdW | KüG |
|-----|-----|
| + BS | + entg. BS |
| **KüG** | **KdW** |

Es gilt die gleiche Vorzeichenregel wie bei der Beschickung für Wind:
Rechtsdrehender Einfluß: +     Linksdrehender Einfluß: −
Im Fall des seitlich setzenden Stromes gibt es **3 Grundaufgaben, die wir immer zeichnerisch mit Hilfe des Stromdreiecks in der Karte lösen.** Wir gehen bei diesen Grundaufgaben davon aus, daß keine Abdrift zu berücksichtigen ist, so daß der KdW dem rwK entspricht.

**Stromaufgabe 1:** **Bekannt:** KdW, FdW, Strom.    **Gesucht:** KüG und FüG.

*Eine Yacht läuft bei einem MgK von 072° nach Logge 6 kn. Dem Seehandbuch entnimmt man einen Strom von 160° −2 sm/h. Mw = −03°. Wie lautet der KüG, wie schnell ist die Yacht über Grund?*

**Konstruktion:** 1. Beschicke den MgK zum KdW und trage ihn vom Ausgangspunkt A in die Karte ein!

| | | |
|---|---|---|
| MgK | 072° | |
| Abl | + 10° | |
| mwK | 082° | |
| Mw | − 03° | |
| rwK | 079° | = KdW |

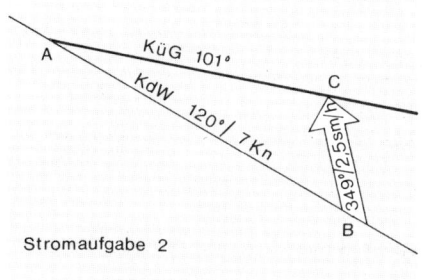

Stromaufgabe 1

2. Trage auf dieser Kurslinie den Betrag der FdW ab, d. h. 6 sm. Man erhält B.
3. Füge in B den Strompfeil in Richtung und Stärke an, d. h. 2 sm in 160°!
4. Verbinde den Ausgangspunkt A mit dem Ende des Strompfeiles C! Dies ist die Distanz über Grund (DüG), an der der KüG abgelesen werden kann: KüG = 96,5°.
5. Nimm die Distanz von A zu C in den Zirkel und miß ihre Länge am seitlichen Kartenrand! Dies ist der Betrag für die FüG = 6,6 kn.

---

**Stromaufgabe 2:** **Bekannt:** KdW, FdW, KüG, FüG.    **Gesucht:** Strom, BS.

*Eine Yacht setzt bei einer Fahrt von 7 kn Kurs mit 120° ab. Um 1000 wird jedoch statt des Koppelortes B die Tonne C passiert, da unbekannte Stromverhältnisse herrschen. Welcher Strom hat die Yacht versetzt? Wie groß ist die Stromversetzung?*

**Konstruktion:**

1. Trage den Koppelkurs von A nach B (KdW = 120°) in die Karte ein!
2. Trage den tatsächlich über Grund gelaufenen Kurs von A nach C in die Karte ein! Dies ergibt den KüG = 101°. Für die Stromversetzung gilt: BS = KüG − KdW = 101° − 120° = −19°
3. Verbinde B mit C! Wir erhalten die Stromrichtung: 349°

Die Distanz von B nach C ergibt den Betrag der Stromstärke: 2,5 sm/h

Stromaufgabe 2

---

**Stromaufgabe 3:** **Bekannt:** KüG, FdW, Strom.    **Gesucht:** MgK, FüG.

*Auf einer Yacht will man Kurs von A nach B absetzen. Es setzt Strom von 20° − 2 sm/h. Mw = +04°. Fahrt = 6,5 kn. Was muß am Kompaß gesteuert werden, um B zu erreichen? Wie groß ist die Fahrt über Grund?*

**Konstruktion:**

1. Man verbindet A mit B und erhält den KüG = 119°.
2. In A wird der Strom in Richtung und Stärke angetragen, d. h. 2 sm in 20°.
3. Schlage einen Kreis um den Endpunkt des Strompfeiles C mit dem Radius der FdW = 6,5 kn! Man erhält so den Punkt D.
4. Die Richtung von C zu D ist der KdW.

| | | |
|---|---|---|
| KdW = rwK | 136° | |
| entg. Mw | − 04° | |
| mwK | 132° | |
| entg. Abl | − 07° | |
| MgK | 125° | |

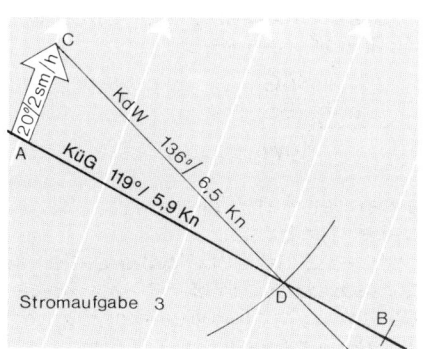

Stromaufgabe 3

5. Die Distanz von A zu D entspricht der FüG = 5,9 kn.

# Übungen

**1**  Von der Großtonne *Fehmarnbelt* ausgehend, steuert man am Kompaß 074°, das Speedometer zeigt 5 kn Fahrt an. Dem Handbuch entnimmt man:
Strom 150° −2 sm/h. Mw = −02.

a) Wie lautet der KdW?
b) Wie lautet der KüG?
c) Welcher von beiden Kursen ist der Kartenkurs (KaK)?
d) Wie groß ist die FdW?
e) Wie groß ist die FüG?

**2**  Wie Übung 1, jedoch rechnet man wegen starken SE-Windes mit einer BW von 05°.

a) KdW?
b) KüG?
c) FüG?

**3**  Wie Übung 1, jedoch rechnet man wegen starken NNE-Winden mit einer BW von 05°.

a) KdW?
b) KüG?
c) FüG?

**4**  Von der Großtonne *Fehmarnbelt* ausgehend, setzt man Kurs ab zur Ansteuerungstonne *Rödby Havn* (LFl. 10 s). Das Speedometer zeigt 5 kn Fahrt an. Dem Handbuch entnimmt man: Strom 150° − 2 sm/h. Mw = −02°.

a) Wie lautet der KüG?
b) Wie lautet der KdW?
c) Welcher von beiden Kursen ist der Kartenkurs?
d) Was muß am Kompaß gesteuert werden, um die Tonne zu erreichen?
e) Wie groß ist die Fahrt über Grund?
f) Wie lange benötigt man, um die Tonne zu erreichen?

**5**  Wie Übung 4, jedoch rechnet man wegen starken ESE-Windes mit einer BW von 05°.

a) KüG?
b) KdW?
c) MgK?
d) FüG?

**6** Wie Übung 4, jedoch rechnet man wegen starken N-Winden mit einer BW von 05°.

a) KdW?
b) MgK?
c) FüG?

**7** Eine Yacht passiert um 1045 die Tonne KO 5 T62 des *Kiel-Ostsee-Weges.* Man steuert am Kompaß 285°. Das Speedometer gibt eine Fahrt von 6,5 kn an. Mw = −02°.

a) Wie lautet der KdW?
b) Gib den Koppelort für 1145 an!
c) Um 1145 hat man jedoch die Tonne KO 4 *des Kiel-Ostsee-Weges* erreicht. Wie lautet der KüG?
d) Wie schnell war die Yacht über Grund?
e) Welcher Strom hat die Yacht versetzt?
f) Wie groß ist die BS?

**8** Wie Übung 7, jedoch wurde die Tonne KO 4 erst um 1157 erreicht.

a) FüG?
b) Gib den Koppelort für 1157 an!
c) In welche Richtung setzt der Strom?

**9** Wie Übung 7, jedoch rechnet man wegen starken Nordwindes mit einer Abdrift von 05°.

a) KdW?
b) Koppelort für 1145?
c) Strom?
d) BS?

**10** Eine Yacht steht um 1320 an der Tonne 4 des *Kiel-Flensburg-Weges.* Man setzt Kurs ab zur Tonne DW 58 südöstlich vom *LT Keldsnor.* Das Speedometer zeigt 6 kn Fahrt. Mw = −02°.

a) Was muß am Kompaß gesteuert werden?
b) Wo steht man um 1400?
c) Um 1400 peilt man mit dem Kompaß *LT Kegnäs* unter 299° und *LT Vejsnäs Nakke* unter 059°. Wo steht man?
d) Wie lautet der KüG?
e) Wie lautet der KdW?
f) Wie groß war die FdW?
g) Wie groß war die FüG?
h) Welcher Strom herrscht?
i) Was muß man nun am Kompaß steuern, wenn man doch noch die Tonne DW 58 erreichen will?
k) Wann wird man die Tonne DW 58 erreichen?

# Lösungen

**1** a)

| MgK | 074° |
|---|---|
| Abl | + 10° |
| mwK | 084° |
| Mw | − 02° |
| rwK | 082° |

Da keine BW zu berücksichtigen ist, entspricht der rwK dem KdW.
b) Durch Konstruktion des Stromdreiecks erhält man: KüG = 100°.
c) Der KaK entspricht dem KüG, denn mit ihm muß in der Karte gearbeitet werden.
d) Die FdW entspricht der Anzeige des Speedometers: 5 kn.
e) Die FüG entnimmt man dem Stromdreieck mit 6 kn.

**2** a)

| MgK | 074° | |
|---|---|---|
| Abl | + 10° | |
| mwK | 084° | |
| Mw | − 02° | |
| rwK | 082° | |
| BW | − 05° | (linksdrehend) |
| KdW | 077° | |

b) Man erhält durch das Stromdreieck: KüG = 96°
c) FüG = 5,9 kn

**3** a)

| MgK | 074° |
|---|---|
| Abl | + 10° |
| mwK | 084° |
| Mw | − 02° |
| rwK | 082° |
| BW | + 05° |
| KdW | 087° |

b) Man entnimmt dem Stromdreieck: KüG = 104°
c) FüG = 6,2 kn

**4** a) Der KüG von 068° wird der Karte entnommen.
b) Aus der Konstruktion des Stromdreiecks erhält man: KdW = 045°
c) Der KaK ist gleich dem KüG.
d)

| KdW | 045° |
|---|---|
| entg. Mw | + 02° |
| mwK | 047° |
| entg. Abl | − 07° |
| MgK | 040° |

e) Aus dem Stromdreieck ergibt sich als FüG: 5,1 kn
f) Es gilt: $t \text{ (min)} = \dfrac{\text{DüG} \cdot 60}{\text{FüG}}$

$$= \dfrac{6,5 \cdot 60}{5,1} = \underline{\underline{76 \text{ min}}}$$

Man benötigt bis zur Tonne 76 min.

**5** a) Der KüG bleibt unverändert 068°.
b) Ebenso der KdW: 045°.
c)

| KdW | 045° |
|---|---|
| entg. BW | + 05° |
| rwK | 050° |
| entg. Mw | + 02° |
| mwK | 052° |
| entg. Abl | − 07° |
| MgK | 045° |

d) Die FüG von 5,1 kn bleibt unverändert, da das Speedometer 5 kn angibt; d. h. die BW ist bei dieser Anzeige bereits berücksichtigt.

**6** a) Der KdW bleibt unverändert 045°.
b)

| KdW | 045° |
|---|---|
| entg. BW | − 05° |
| rwK | 040° |
| entg. Mw | + 02° |
| mwK | 042° |
| entg. Abl | − 06° |
| MgK | 036° |

c) Die FüG bleibt unverändert 5,1 kn.

**7** a)

| | |
|---|---|
| MgK | 285° |
| Abl | − 09° |
| mwK | 276° |
| Mw | − 02° |
| rwK | 274° |

Da keine BW zu berücksichtigen ist, entspricht der rwK dem KdW.

b) Durch Abtragen von 6,5 sm auf dem KdW von 274° erhält man als Koppelort:
$\phi = 54°$ 35,9′ N; $\lambda = 010°$ 50′ E

c) Man entnimmt der Karte: KüG = 265°

d) Man entnimmt der Karte: FüG = 7,5 kn

e) Das Stromdreieck läßt sich im vorliegenden Fall sehr einfach konstruieren, indem man Koppelort und wahren Ort miteinander verbindet. Als Strom kann man dann entnehmen: 220° − 1,5 sm/h

f) BS = KüG − KdW = −09°

**8** a) FüG (kn) = $\dfrac{\text{DüG (sm)} \cdot 60}{t \text{ (min)}}$

$= \dfrac{7,5 \cdot 60}{72} = \underline{\underline{6,25 \text{ kn}}}$

b) Als Koppelort ergibt sich:
$\phi = 54°$ 36′ N; $\lambda = 010°$ 47,8′ E

c) Den Strom erhält man, indem auf dem KdW von 274° die DdW für 72 Minuten von 7,8 sm abgetragen wird. Dann liest man als Strom ab: 164°.

**9** a)

| | | |
|---|---|---|
| MgK | 285° | |
| Abl | − 09° | |
| mwK | 276° | |
| Mw | − 02° | |
| rwK | 274° | |
| BW | − 05° | (linksdrehend) |
| KdW | 269° | |

b) Durch Antragen des KdW von 269° erhält man: $\phi = 54°$ 35,4′ N; $\lambda = 010°$ 50′ E

c) Durch Zeichnen des Stromdreiecks erhält man: Strom 238° − 1,1 sm/h

d) BS = KüG − KdW = −04°

**10** a)

| | |
|---|---|
| rwK | 100,5° (aus der Karte) |
| entg. Mw | + 02,0° |
| mwK | 102,5° |
| entg. Abl | − 10,0° |
| MgK | 092,5° |

b) $\phi = 54°$ 45′ N; $\lambda = 010°$ 12′ E

c)

| | LT Kegnäs | LT Vejsnäs Nakke |
|---|---|---|
| MgP | 299° | 059° |
| Abl | + 10° | + 10° |
| mwP | 309° | 069° |
| Mw | − 02° | − 02° |
| rwP | 307° | 067° |

Schiffsort: $\phi = 54°$ 45,8′ N; $\lambda = 010°$ 11,8′ E

d) KüG = 089°

e) Der KdW entspricht dem oben abgelesenen rwK = 100,5°.

f) Die FdW wird vom Speedometer angezeigt: 6 kn

g) Dem Stromdreieck, das ein 40-Minuten-Dreieck ist, entnimmt man als DüG: 3,8 sm

Es gilt: F (kn) = $\dfrac{\text{Distanz} \cdot 60}{t \text{ (min)}} = \dfrac{3,8 \cdot 60}{40}$
$= \underline{\underline{5,7 \text{ kn}}}$

h) Die Versetzung muß von 40 Minuten auf 1 Stunde umgerechnet werden:
$\dfrac{0,75 \cdot 60}{40} = 1,1 \text{ sm/h}$
Strom: 353° − 1,1 sm/h

i) Man konstruiert ein neues Stromdreieck und erhält als KdW = 112°, der zum MgK beschickt werden muß:

| | |
|---|---|
| KdW | 112° |
| entg. Mw | + 02° |
| mwK | 114° |
| entg. Abl | − 08° |
| MgK | 106° |

k) Die DüG beträgt noch 21,1 sm. Bei einer FüG von nun 5,5 kn benötigt man noch etwa 3 Stunden 50 Minuten. Man erreicht die Tonne also um etwa 1750.

# 12 Peilungen bei Abdrift oder Strom

### 1. Kompaßpeilungen

Wind und Strom haben keinen Einfluß auf das Ergebnis einer Kompaßpeilung und ihrer Beschickung.

### 2. Seitenpeilungen

Da Seitenpeilungen immer auf die Kiellinie, also auf den rwK, bezogen werden, brauchen Wind und Strom bei der Beschickung der Seitenpeilung nicht berücksichtigt werden. Man rechnet am einfachsten, wie auf S. 23 genauer ausgeführt:

$$\begin{array}{r} SP \\ +\,rwK \\ \hline rwP \end{array}$$

### 3. Doppelpeilungen

Herrscht nur **Windeinfluß,** so ergeben sich keine weiteren Probleme. Beide Peilungen werden − wie oben beschrieben − zu rechtweisenden Peilungen beschickt. Die zur Konstruktion notwendige Versegelung kann unmittelbar der Logge entnommen werden, da diese immer den Weg durch Wasser angibt.

### 4. Verdoppelungspeilungen

Herrscht nur **Windeinfluß,** so müssen wir beachten, daß die Peilwinkel auf den KdW, nicht auf die Kiellinie zu beziehen sind. Denn nur dann bleibt die Besonderheit der Verdoppelungspeilungen erhalten: Versegelung = Distanz zum Peilobjekt.

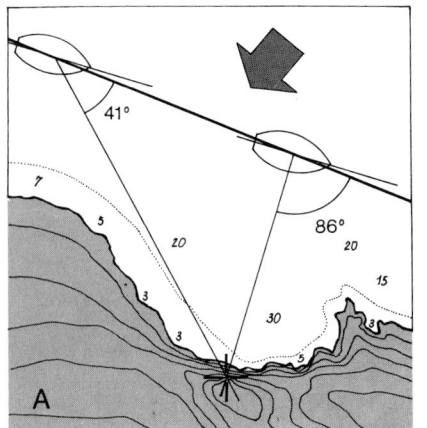

A

**Zum Beispiel:**

*Auf einer Yacht wurde ein KdW von 112° abgesetzt. Die BW wird bei dem herrschenden NE-Wind mit 04° angenommen. Man peilt eine Landmarke unter 45° und später unter 90° an Stb. Liegt eine Vierstrichpeilung vor (Abb. A)? Es liegt keine Vierstrichpeilung vor, da die auf den KdW bezogenen Winkel um die BW kleiner sind, also 41° bzw. 86° betragen.*

*Eine Yacht läuft einen KdW von 220°. BW bei W-Wind 03°. Wie müßten die an Stb vorgenommenen Seitenpeilungen für eine Vierstrichpeilung lauten (Abb. B)?*
*Auf den KdW bezogen, erhält man als gesuchte rechtweisende Peilungen:*

$$\begin{array}{cc} 220° & 220° \\ \underline{45°} & \underline{90°} \\ 265° & 310° \end{array}$$

*Um diese rwP als Seitenpeilungen zu erhalten, muß jeweils der rwK abgezogen werden: SP = rwP − rwK = 265° − 223° = $\underline{42° (1.\ Peilung)}$*
*= 310° − 223° = $\underline{87° (2.\ Peilung}$*

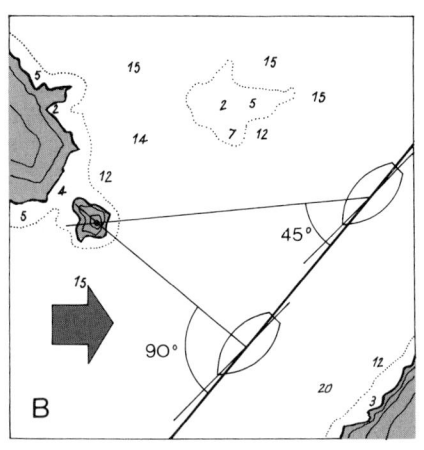

B

Bei **Stromeinfluß** kann die Konstruktion der Doppelpeilung sinnvoll nur dann durchgeführt werden, wenn der Weg über Grund zwischen beiden Peilungen bekannt ist. Die Loggedistanz kann hierfür nicht verwendet werden.

# Übungen

**1**  Auf einer Yacht wird ein KdW von 142° abgesetzt. Bei dem herrschenden Ostwind rechnet man mit einer Abdrift von 05°. Auf diesem Kurs peilt man eine Landmarke
a) Stb querab,
b) Bb querab,
c) recht voraus,
d) recht achteraus.
Wie lauten die rechtweisenden Peilungen?

**2**  Wie lauten die rechtweisenden Peilungen in Übung 1, wenn SSW-Wind herrscht und im übrigen die Bedingungen gleich sind?

**3**  Auf einer Yacht steuert man 259° am Kompaß. Man rechnet bei SW-Wind mit einer Abdrift von 04°. Auf diesem Kurs wird der *LT Vejsnäs Nakke* bei einem Loggestand von 17,8 mit der Peilscheibe unter 049° und etwas später bei einem Loggestand von 20,9 unter 094° gepeilt. Mw = −02°.
a) Wie lautet der KdW?
b) Wo steht man bei der letzten Peilung?

**4**  Wie Übung 3, jedoch weht NW-Wind.
a) Wie lautet der KdW?
b) Wo steht man bei der letzten Peilung?

**5**  Auf einer Yacht wird ein KdW von 053° abgesetzt. Bei starkem Nordwind rechnet man mit einer Abdrift von 05°. Mw = −02°.
a) Was wird am Kompaß gesteuert?
b) Wo steht die Yacht, als man *LT Falshöft* recht achteraus und *LT Kegnäs* querab peilt?
c) Man läuft auf gleichem Kurs weiter. Nach einiger Zeit fällt man auf einen neuen MgK von 091° ab. Auf diesem neuen Kurs hat man anfangs *LT Kegnäs* recht achteraus. Man rechnet jetzt nur noch mit 03° Abdrift. Wie lautet der neue KdW?
d) Wo wurde die Wende durchgeführt?
e) Zusätzlich herrscht nun folgender Strom: 160° −2sm/h. Das Speedometer zeigt 6 kn Fahrt an. Wie lautet der KüG?
f) Wie schnell ist man nun über Grund?

# Lösungen

**1** Es liegen Seitenpeilungen vor, die auf den rwK bezogen werden müssen. Deshalb muß zunächst der rwK ermittelt werden:

| | |
|---|---|
| KdW | 142° |
| entg. BW | − 05° |
| rwK | 137° |

a) rwP Stb querab: 137° + 090° = 227°
b) rwP Bb querab: 137° − 090° = 047°
c) rwP recht voraus: 137°
d) rwP recht achteraus: 137° + 180° = 317°

**2** Als rwK ergibt sich hier:

| | |
|---|---|
| KdW | 142° |
| entg. BW | + 05° |
| rwK | 147° |

a) rwP Stb querab: 237°
b) rwP Bb querab: 057°
c) rwP recht voraus: 147°
d) rwP recht achteraus: 327°

**3** a)

| | |
|---|---|
| MgK | 259° |
| Abl | − 06° |
| mwK | 253° |
| Mw | − 02° |
| rwK | 251° |
| BW | + 04° (rechtsdrehend) |
| KdW | 255° |

b) Beschickung der letzten Peilung:

| | |
|---|---|
| SP | 094° |
| rwK | 251° |
| rwP | 345° |

Da zwischen beiden Peilungen ein Winkel von 45° liegt und zwischen dem KdW und der 2. Peilung ein Winkel von 90°, liegt eine Vierstrichpeilung vor, die wir folgendermaßen auswerten:
Die Loggedistanz von: 20,9 − 17,8 = 3,1 sm tragen wir auf der rwP von 345° vom *LT Vejsnäs Nakke* ab. Dies ist der Schiffsort: $\varphi = 54°\ 46,1'$ N; $\lambda = 010°\ 27'$ E

**4** a)

| | |
|---|---|
| rwK | 251° |
| BW | − 04° |
| KdW | 247° |

b)

| | 1. Peilung | 2. Peilung |
|---|---|---|
| SP | 049° | 094° |
| rwK | 251° | 251° |
| rwP | 300° | 345° |

Diesmal liegt keine Vierstrichpeilung vor. Denn der Winkel zwischen KdW und 2. Peilung beträgt nicht 90°. Man kann den Standort also nur durch die Konstruktion einer gewöhnlichen Doppelpeilung ermitteln. Man erhält:
$\varphi = 54°\ 45,8'$ N; $\lambda = 010°\ 27,1'$ E

**5** Vgl. Kartenausschnitt nebenan!
a)

| | |
|---|---|
| KdW | 053° |
| entg. BW | − 05° |
| rwK | 048° |
| entg. Mw | + 02° |
| mwK | 050° |
| entg. Abl | − 07° |
| MgK | 043° |

b) Die beiden Seitenpeilungen müssen zu rwP beschickt, d. h. auf den rwK von 048° bezogen werden.
rwP *LT Falshöft:* 048° + 180° = 228°

rwP *LT Kegnäs:* 048° + 270° = 318°

Der Schiffsort ergibt sich aus dem Schnittpunkt beider Peilungen:
$\varphi = 54°\ 48,8'$ N; $\lambda = 010°\ 03,2'$ E

c) 
| | |
|---|---|
| MgK | 091° |
| Abl | + 10° |
| mwK | 101° |
| Mw | − 02° |
| rwK | 099° |
| BW | + 03° (rechtsdrehend) |
| KdW | 102° |

d) Seitenpeilung auf rwK bezogen:
rwP *LT Kegnäs:* 099° + 180° = 279°
Wird diese Peilung eingetragen, so schneidet sie den KdW von 053° in:
$\varphi = 54° 50,5'$ N; $\lambda = 010° 07,2'$ E

e) Durch Konstruktion des Stromdreiecks erhält man: KüG = 116°

f) FüG = 7,3 kn

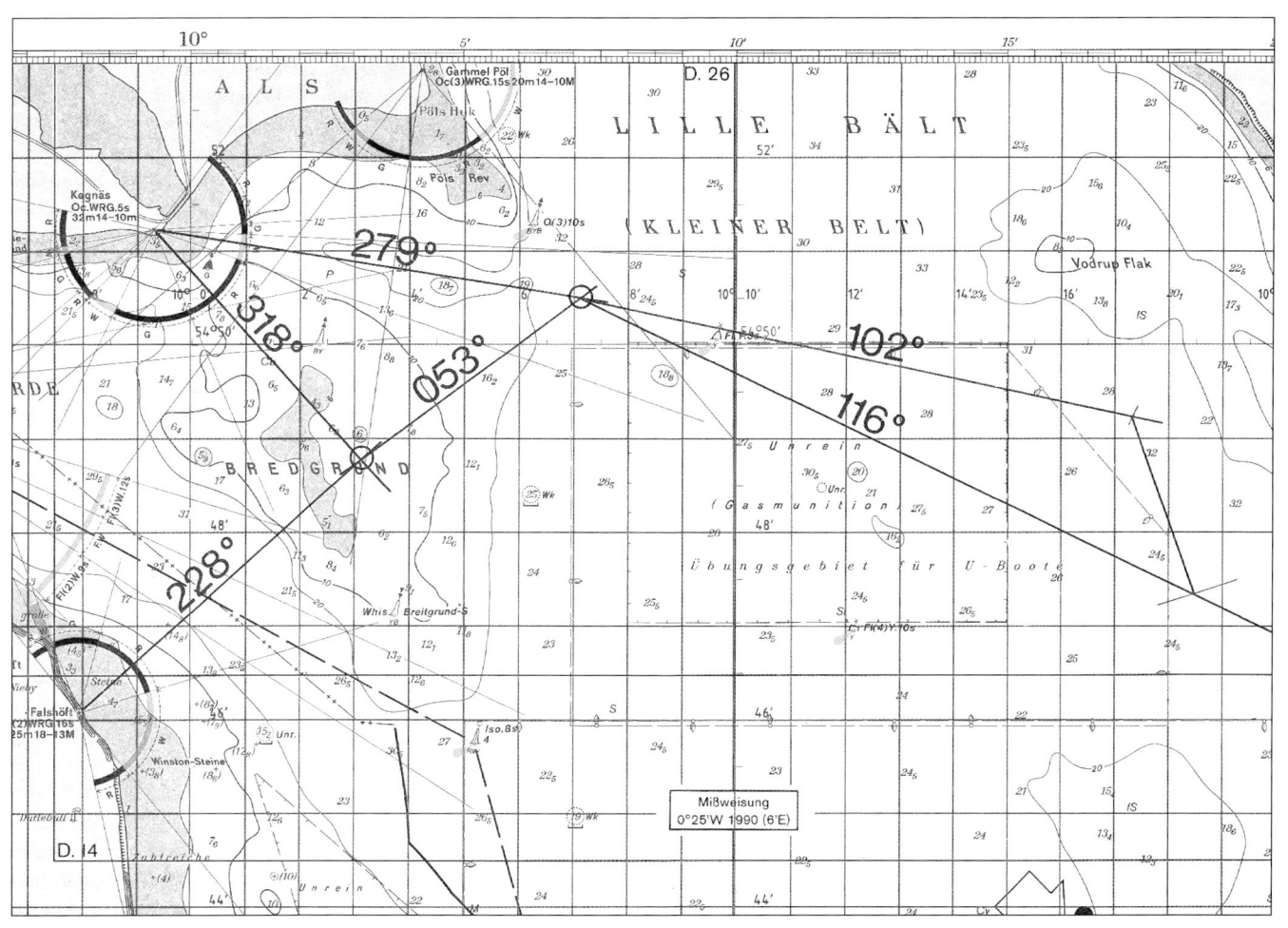

# Teil 2: Aufgaben

Die folgenden 10 zusammenhängenden Navigationsaufgaben, die ähnlich in der Praxis oder der theoretischen Prüfung vorkommen können, sind etwa nach wachsendem Schwierigkeitsgrad geordnet. Die Hauptprobleme jeder Aufgabe werden jeweils am Anfang genannt. Ihre Lösungen sind auf den Seiten 76 ff. ausgeführt.

**Die Mißweisung in allen Aufgaben beträgt −02°!**

# Aufgabe 1

*Koppeln, Kreuzpeilung,*
*Abdrift*

Eine Yacht verläßt am frühen Abend den Hafen *Eckernförde* bei SW-Wind 3 Bft. Um 1800 steht man auf folgender Position:
$\varphi = 54° 28'$ N; $\lambda = 009° 51,9'$ E

1 Wo steht man? Welche Bedeutung hat das Seezeichen?
2 Von hier aus wird Kurs abgesetzt zur Tonne *Stollergrund N*. Wie lautet der rechtweisende Kurs?
3 Was muß am Kompaß gesteuert werden?
4 Der Skipper rechnet nicht mit Abdrift. Warum?
5 Auf diesem Kurs hat man an Stb achteraus ein rotes unterbrochenes Feuer. Um welches Leuchtfeuer handelt es sich?

6 Welche Bedeutung hat diese Kennung und die Kennung des südlich anschließenden Sektors Fl(2) W. 9 s?
7 Wann wird man bei einer Fahrt von 5 kn die Tonne *Stollergrund N* erreichen?
8 Welche Leuchtfeuer mit ihren Kennungen kann man von der Tonne *Stollergrund N* aus beobachten?
9 Von hier aus wird ein Kompaßkurs von 342,5° gesteuert. Wohin führt dieser Kurs?
10 Das Speedometer zeigt weiterhin 5 kn Fahrt. Wie lautet der Koppelort für 2143?
11 Um 2143 führt man folgende Peilungen durch: Ein rotes Blinkfeuer mit Gruppen von 3 Blinken wird an Bb voraus ausgemacht und mit der Peilscheibe unter 327° gepeilt. An Stb achteraus peilt man zu gleicher Zeit ein weißes Gleichtaktfeuer mit dem Kompaß unter 159,5°. Wo steht man?
12 Wie ist man versetzt?
13 Gib den Schiffsort an nach Peilung und Abstand zum Leuchtfeuer *Schleimünde*!
14 Kann man von hier aus einer Augenhöhe von 3 m bei normaler Sicht noch das Leuchtfeuer *Bülk* ausmachen? Vgl. den Ausschnitt aus dem Lfv. auf S. 97!
15 Der Wind weht inzwischen aus WSW. Man setzt Kurs ab zur Sperrgebiettonne 1. Was muß am Kompaß gesteuert werden, wenn man mit einer Abdrift von 03° rechnet?

# Aufgabe 2

*Kreuzpeilung, Koppeln, Deviationskontrolle,
Abdrift*

Eine Yacht kommt aus der *Sonderburger
Bucht* und peilt bei einem Kompaßkurs von
125,5° den *LT Kalkgrund* recht voraus. Zugleich peilt man an Bb voraus um 2310 ein
rotes unterbrochenes Feuer am Kompaß
unter 080,5°.

1 Um welches Feuer handelt es sich bei
  der 2. Peilung?
2 Wie lautet der rwK?
3 Wie lauten die rechtweisenden Peilungen?
4 Wo steht die Yacht um 2310?
5 Von hier aus setzt man Kurs ab zur südöstlich von *Gammel Pöl* gelegenen gelben Tonne Fl.Y.3s. Was muß am Kompaß gesteuert werden?

6 Was bezeichnet die gelbe Tonne mit
  dem liegenden Kreuz als Toppzeichen?
7 Die Logge mißt 12 m in 6 Sekunden.
  Wie schnell ist die Yacht?
8 Wann wird man die Tonne erreichen?
9 Nach einer guten halben Stunde passiert man nahe an Stb ein Gleichtaktfeuer. Um was handelt es sich?
10 Welche Farbe hat das Gleichtaktfeuer?
11 Wie tief ist es, als man an Stb querab
  beobachtet, daß ein unterbrochenes
  Feuer seine Farbe von grün in rot
  ändert?
12 Welche Kennung zeigt hier das *LF
  Gammel Pöl?*
13 Der ermittelte Schiffsort wird durch eine
  Lotung und eine weitere Peilung bestätigt. Man peilt nun mit dem Kompaß *LF
  Gammel Pöl* unter 039°. Stimmt die Deviationstabelle?
14 Um 0100 führt man mit dem Kompaß
  folgende Peilungen durch: *LT Falshöft*
  wird unter 208°, *LT Kegnäs* unter 290°
  und *LT Gammel Pöl* unter 005,5° gepeilt. Wie lauten die rechtweisenden
  Peilungen?
15 Wo steht man?
16 Wie ist man versetzt?
17 Von diesem Ort aus werden nun am
  Kompaß 130° gesteuert. Bei auffri-
  schendem S-Wind rechnet man mit
  einer Abdrift von 03°. Wie lautet der
  Kartenkurs?

# Aufgabe 3

*Koppeln, Kreuzpeilung, Doppelpeilung, Abdrift*

Eine Yacht liegt in der *Strander Bucht* vor Anker. Der Wind weht aus WNW. Die Yacht liegt so im Wind, daß man am Kompaß 300° abliest. Um den Ankerplatz genau zu bestimmen, peilt man am Kompaß das Marine-Ehrenmal *Laboe* unter 166° und den Kirchturm *Dänischenhagen* unter 260°.

1. Welche Sichtzeichen hat die Yacht vor Anker tags und nachts zu zeigen?
2. Wie lauten die rechtweisenden Peilungen?
3. Wo liegt die Yacht vor Anker?
4. Von hier aus wird Kurs zur Tonne *Kleverberg-O* abgesetzt. Was muß am Kompaß gesteuert werden?
5. Um 0744 wird der Anker aufgeholt und werden die Segel gesetzt. Die Tonne *Kleverberg-O* wird um 0800 erreicht. Wie schnell ist die Yacht gelaufen?
6. Von dort aus steuert man am Kompaß 349°. Wie lautet der rwK? Wohin führt dieser Kurs?
7. Wann wird man bei gleicher Fahrt die Tonne 3 des *Kiel-Flensburg-Weges* erreichen?
8. Wo wird man um 0925 stehen?
9. Gib diesen Ort nach Peilung und Abstand zum *LT Kiel* an!

10. Auf diesem Schlag peilt man den Schloßturm *Schönhagen* mit der Peilscheibe bei einem Loggestand von 16,1 unter 325°, etwas später um 0925 bei einem Loggestand von 19,3 unter 308°. Wie lauten die rechtweisenden Peilungen?
11. Wo steht man bei der 2. Peilung?
12. Wie ist die Yacht versetzt?
13. Wie lautet der wahre Kurs der Yacht?
14. Zum Zeitpunkt der letzten Peilung wird zugleich der *LT Schleimünde* am Kompaß unter 317° gepeilt. Wie lautet die rechtweisende Peilung?
15. Stimmt diese Peilung mit dem soeben ermittelten Schiffsort überein?
16. Der Schiffsführer nimmt nun an, daß die Yacht vom Wind versetzt wurde. Wie groß war die Versetzung?
17. Man läuft nun auf gleichem Kurs weiter, bis der *LT Schleimünde* Bb querab gepeilt wird. Wo steht man jetzt?
18. Hier wird gewendet. Der Rudergänger kann auf dem neuen Bug 259° am Kompaß steuern. Wie lautet der Kartenkurs, wenn man mit 04° Abdrift rechnet?
19. Wohin führt dieser Kurs? Welche Bedeutung hat dieses Seezeichen?
20. Man möchte den Hafen *Maasholm* erreichen. Genügt für die Ansteuerung die Karte D 30?
21. Wo kann man erfahren, ob man in *Maasholm* bei den herrschenden Windverhältnissen sicher liegt?

# Aufgabe 4

*Koppeln, Kreuzpeilung, Abdrift*

Eine Yacht läuft in den frühen Morgenstunden aus dem *Großen Belt* in südliche Richtung. Am Kompaß werden 209° gesteuert. Als man an Bb 2 Gleichtaktfeuer in Linie beobachtet, peilt man den Leuchtturm *Albuen* am Kompaß unter 147°.

1 Wie lautet der rwK?
2 Wo steht die Yacht?
3 Wie hätte man das Richtfeuer am Kompaß peilen müssen, wie auf der Peilscheibe?
4 Man läuft auf gleichem Kurs weiter. Sobald an Bb der *LT Albuen* seine Kennung von Weiß in Grün ändert, wird Kurs abgesetzt zum Seezeichen DW 54 *Langelandsbält S.* Was muß am Kompaß gesteuert werden?
5 Es ist 0630 zum Zeitpunkt der Kursänderung, die Logge zeigt 5,0. Das Seezeichen DW 54 wird um 0715 erreicht. Wie groß war die Fahrt der Yacht?

6 Was bedeutet die Bezeichnung DW?
7 Was kann man der Seekarte über das Seezeichen DW 54 entnehmen?
8 Wann wird man bei gleicher Fahrt den *LT Keldsnor* querab peilen?
9 Um 0800 peilt man zur Kontrolle mit der Peilscheibe *LT Keldsnor* unter 027° und den Kirchturm *Magleby* unter 074°. Wie lauten die rechtweisenden Peilungen?
10 Wo steht man um 0800?
11 Wie ist man versetzt?
12 Der Skipper geht davon aus, daß die Versetzung auf einem Steuerfehler des Rudergängers beruht. Was muß die Logge anzeigen?
13 Wie schnell war man tatsächlich?
14 Vom Ort der Peilung wird neuer Kurs abgesetzt zur Tonne 3 Fl(2)G., südwestlich von *LT Keldsnor.* Wegen Westwind 4 Bft hält man 05° vor. Was muß am Kompaß gesteuert werden?
15 In welche Richtung zeigt die Kiellinie der Yacht?
16 Wann wird man die Tonne erreichen?
17 Wo steht man, als man auf diesem Kurs die Südspitze der Insel *Ärö* in Linie mit *Dovns Klint* sieht?
18 Als man etwas später 10 m Wassertiefe lotet, wendet man und hält Kurs auf die Tonne *(Snekkegrund).* Gib den Ort der Tonne an nach Peilung und Abstand zum *LT Keldsnor!*
19 Was muß am Kompaß gesteuert werden?

# Aufgabe 5

*Koppeln, Vierstrich-Peilung, Abdrift*

Bei Nordwind 4 Bft steuert man auf einer Yacht 234° am Kompaß. Man peilt den *LT Staberhuk* beim Loggestand von 37,0 in 045° an Stb und um 2238 bei einem Loggestand von 39,2 Stb querab.

**1** Wo steht die Yacht um 2238?

**2** Als Loggeort für 2238 hatte man jedoch ermittelt:
$\varphi = 54° \ 24' \ N; \ \lambda = 011° \ 21,9' \ E$
Wie tief ist es am Loggeort?

**3** Wie ist man versetzt?

**4** Vom Schiffsort 2238 aus wird Kurs abgesetzt zur Tonne *Fehmarnsund*. Was muß am Kompaß gesteuert werden?

**5** Man erreicht die Tonne *Fehmarnsund* um 2340. Wie groß ist die Fahrt?

**6** Man folgt nun dem Richtfeuer zur Fehmarnsundbrücke und rechnet mit einer Abdrift von 02°. Wie lautet der Kartenkurs?

**7** Was muß am Kompaß gesteuert werden?

**8** Ein Crewmitglied wundert sich, daß beide Feuer in Linie nicht genau recht voraus liegen, sondern etwas an Bb voraus. Woran liegt das?

**9** Wie würden Sie diese nächtliche Passage durchführen?

**10** Wo kann man erfahren, ob die Durchfahrthöhe der Brücke ausreicht?

**11** Die Yacht passiert die Tonnen 16 und 19 kurz nach der Tonne *Fehmarnsund*. Die Mannschaft möchte wissen, warum die Bb-Tonne an Stb liegt und die Stb-Tonne an Bb, da man doch als einlaufendes Schiff die Fahrwasserseiten festlegt. Liegen die Tonnen tatsächlich falsch?

**12** Als man die Tonne 2 früh um 0030 erreicht hat, steuert man am Kompaß 307°. Man rechnet jetzt mit einer Abdrift von 03°. Wie lautet der Kartenkurs?

**13** Das Speedometer zeigt 6,5 kn an. Wo wird man voraussichtlich um 0130 stehen?

**14** Um 0130 peilt man *LT Flügge* mit dem Kompaß unter 105,5°. Wie ist man versetzt?

**15** Man wendet und setzt Kurs ab zur Großtonne *Fehmarnbelt*. Auf diesem Bug rechnet man mit einer Abdrift von 05°. Was muß am Kompaß gesteuert werden?

**16** Unmittelbar nach der Wende peilt man *LT Flügge* nochmals. Wie wird die Kompaßpeilung nun lauten?

**17** Auf dem neuen Kurs erreicht man bald eine unbefeuerte Tonne mit einem Stundenglas als Toppzeichen. Um was handelt es sich?

**18** Der Rudergänger stellt fest, daß er die Tonne nur mit Mühe knapp in Lee liegen lassen kann. Wie groß ist die Abdrift tatsächlich?

**19** Kann man auf diesem Kurs sicher die *Markelsdorfer Huk* passieren?

# Aufgabe 6

*Koppeln, Kreuzpeilung,*
*Peilungen bei Abdrift*

Um 0940 wurde auf einer Yacht der Schiffsort bestimmt. Man erhält nach Peilung und Abstand zum *LT Neuland:* 263° − 7,0 sm.

**1** Gib den Schiffsort nach seiner geographischen Breite und Länge an!
**2** Von hier aus steuert man am Kompaß Kurs Nord. Man rechnet bei dem frischen NE-Wind, 4 Bft mit einer Abdrift von 04°. Wie lautet der Kartenkurs?
**3** Wohin zeigt die Kiellinie der Yacht?
**4** Um 1010 peilt man mit der Peilscheibe den *LT Neuland* unter 112° an Bb und den Kirchturm *Heiligenhafen* unter 117° an Stb. Wie lauten die rechtweisenden Peilungen?
**5** Wo steht die Yacht um 1010?

**6** Welcher Kurs wurde tatsächlich über Grund gelaufen, wenn dieser Schiffsort richtig ist?
**7** Wie groß ist die Besteckversetzung, wenn das Speedometer auf diesem Kurs 5 kn angezeigt hat?
**8** Man führt die Versetzung nach Luv auf einen Steuerfehler zurück und setzt nun einen KdW von 003° ab, wobei man mit gleicher Abdrift und Fahrt wie oben rechnet. Was muß nun am Kompaß gesteuert werden?
**9** Um 1044 geht die Yacht über Stag. Man steuert nun am Kompaß 098°. Wie lautet der neue KdW?
**10** Wo wurde die Wende durchgeführt, wenn man auf dem neuen Bug *LT Flügge* genau recht voraus hatte?
**11** Wie groß war die Fahrt der Yacht bis zur Wende?
**12** Wann wird man bei einer Fahrt von 6 kn die Tonne *Flüggesand-W* an Bb querab haben?
**13** Um 1125 peilt man mit dem Kompaß *LT Flügge* unter 084° und den Kirchturm *Heiligenhafen* unter 151°. Wie lauten die rechtweisenden Peilungen?
**14** Wo steht die Yacht um 1125?
**15** Wie tief ist es dort?
**16** Wie ist die Yacht versetzt?

70

# Aufgabe 7

*Koppeln, Doppelpeilung bei Abdrift, Höhenwinkelmessung, Strom*

Auf einer Yacht, die von *Fehmarn* nach *Schleimünde* überführt wird, steuert man 280° am Kompaß. Um den Schiffsort um 1431 zu bestimmen, peilt man mit dem Kompaß *LT Neuland* unter 176° und Kirchturm *Schönberg* unter 255°.

1 Wie lauten die rechtweisenden Peilungen?

2 Wo steht die Yacht um 1431?

3 Von hier aus wird ein Kartenkurs von 302° zur Tonne *Gabelsflach-O* abgesetzt. Man rechnet bei NNW-Wind von 5 Bft mit 04° Abdrift. Was muß am Kompaß gesteuert werden?

4 Wann wird man die Tonne erreichen, wenn das Speedometer eine Fahrt von 5,5 kn anzeigt?

5 Auf diesem Kurs peilt man *LT Kiel* mit der Peilscheibe unter 329°, während an der Logge 33,2 abgelesen wird; um 1600 peilt man den Turm nochmals unter 311° bei einem Loggestand von 35,2. Wo steht man um 1600?

6 Wie ist die Yacht versetzt?

7 Kann diese Doppelpeilung als 27°/45°-Peilung angesehen werden, so daß man den Passierabstand zum Leuchtturm sofort angeben könnte?

8 Um mehr Gewißheit über den Schiffsort zu erhalten, nimmt der Schiffsführer eine Höhenwinkelmessung vor: Er mißt den Winkel, unter dem der *LT Kiel* erscheint, mit 20,5 Minuten (vgl. Lfv. S. 97). Welcher Schiffsort ergibt sich aus dieser Messung?

9 Welche Bedeutung haben die Anmerkungen in der Seekarte beim *LT Kiel?*

10 Wo steht die Yacht, als der *LT Kiel* genau Bb querab liegt?

11 Hier wird um 1630 gewendet. Am Kompaß werden nun 034° gesteuert. Wie lautet der Kartenkurs, wenn man weiterhin mit der ursprünglich angenommenen Abdrift rechnet?

12 Das Speedometer zeigt weiterhin 5,5 kn Fahrt an. Um 1730 peilt man *LT Kiel* mit dem Kompaß unter 221° und *LT Neuland* unter 149°. Wo steht man?

13 Wir groß war die Fahrt über Grund?

14 Wie groß war die Fahrt durchs Wasser?

15 Wie lautet der KüG?

16 Wie lautet der KdW?

17 Wie groß war die BS?

18 Wie ist man versetzt?

19 Welcher Strom herrscht?

# Aufgabe 8

*Koppeln, Kreuzpeilung,*
*Peilung bei Abdrift,*
*Höhenwinkelmessung, Strom*

Eine Segelyacht läuft bei Nordwind zu einem Wochenendtörn aus *Heiligenhafen* aus. Nur unter Großsegel und mit Motorhilfe wird die Tonne *Heiligenhafen Nord* angesteuert.

1 Welches Tagzeichen ist auf der Yacht zu setzen?
2 In der Nähe der Tonne wird um 1445 das Vorsegel gesetzt und der Motor abgeschaltet. Der Rudergänger kann am Kompaß 328° anliegen. Wie lautet der Kartenkurs, wenn man mit 07° Abdrift rechnet?
3 Um 1545 peilt man mit dem Kompaß eine rot-weiß senkrecht gestreifte Tonne mit einem roten Ball an Bb liegend unter 213° und *LT Flügge* unter 081°. Wie groß war die Fahrt der Yacht?
4 Bei gleichen Windverhältnissen läuft man 75 Minuten weiter. Dann geht man über Stag. Wo hat man gewendet?
5 Man setzt nun einen Kartenkurs von 052° ab. Welcher MgK liegt an?
6 Wann wird man den *LT Westermarkelsdorf* bei gleichbleibender Fahrt querab haben?

7 Auf dem neuen Kurs läßt der Wind im Laufe der Zeit nach. Um 1909 peilt man den *LT Westermarkelsdorf* mit einer Seitenpeilung von 073° an Stb. Wie lautet die rwP?
8 Zugleich nimmt man eine Höhenwinkelmessung vor und mißt mit dem Sextanten 13 Minuten. Der Turm hat eine Höhe von 16 m. Wo steht man?
9 Was sagt die Größe des Kennungsradius und die Länge der Sektorenschenkel in der Karte über das Feuer aus?
10 Wie ist man versetzt?
11 Da der Wind nun völlig abzuflauen scheint, setzt man vom letzten Peilort die Fahrt unter Motor mit 5 kn Fahrt fort. Abgesetzter Kurs = 080°.
Nach einer Stunde beobachtet man, daß an Stb voraus ein rotes Blitzfeuer in Gruppen zu 4 Blitzen seine Farbe in Weiß ändert. Zu gleicher Zeit ändert an Stb achteraus ein Blinkfeuer seine Farbe von Weiß in Rot. Wo steht man?
12 Stromrichtung und -stärke?
13 Kurs über Grund?
14 Fahrt über Grund?
15 Was muß man jetzt am Kompaß steuern, wenn man – bei gleichen Stromverhältnissen – die Tonne KO 8 nordöstlich von *Puttgarden* erreichen will?
16 Wann wird man diese Tonne erreichen?

# Aufgabe 9

*Koppeln, Kreuzpeilung,*
*Strom*

Aus der *Sonderburger Bucht* kommend, passiert man um 1630 die Tonne *Kalkgrund-N.* Es weht Nordost-Wind mit 4 Bft. Von hier aus setzt man Kurs ab zur Tonne *Breitgrund-S.*

1 Was muß am Kompaß gesteuert werden?
2 Um 1700 peilt man *LT Gammel Pöl* am Kompaß unter 038,5° und *LT Falshöft* mit der Peilscheibe unter 056°. Wie lauten die rechtweisenden Peilungen?
3 Wo steht die Yacht um 1700?
4 Wie groß war ihre Fahrt?
5 Um 1800 erreicht man bei einem Loggestand von 17,0 die Tonne *Breitgrund-S* und ändert den MgK auf 153,5°. Mit welchem Kurs muß in der Karte gearbeitet werden?
6 Wohin führt dieser Kurs?
7 Man loggt 10 m in 4 Sekunden. Wie groß ist die Fahrt?
8 Wann wird man voraussichtlich die Tonne 2 erreichen?
9 Gegen 1910 beobachtet man recht voraus ein Gleichtaktfeuer, Wiederkehr 4 s. Um welches Feuer handelt es sich?
10 Man erreicht die *Tonne 3/Kiel-Flensburg Weg* genau um 1918. Wo hätte die Yacht ohne die Versetzung stehen müssen?
11 Wie lautet die Besteckversetzung?
12 Man nimmt an, daß die Yacht durch Strom versetzt wurde. Wie stark setzte der Strom?
13 Wie groß war die FüG?
14 Wie groß war die FdW?
15 Wie lautet der KüG?
16 Wie lautet der KdW?
17 Wieviel Grad beträgt die Stromversetzung?
18 Welchen Kurs muß man jetzt steuern, um bei gleichen Verhältnissen doch noch die Tonne 2 zu erreichen?
19 Wann wird man die Tonne 2 erreichen?
20 Was muß dann die Logge anzeigen?

# Aufgabe 10

*Kreuzpeilung, Doppelpeilung
bei Abdrift, Strom*

Aus dem *Großen Belt* kommend, steuert man auf einer Yacht am Kompaß 181°. Bei frischem ESE-Wind, 4–5 Bft, rechnet man mit einer Abdrift von 04°.

1 Wie lautet der KdW?
2 Um 1457 peilt man bei einem Loggestand von 28,4 den *LT Keldsnor* an Stb in 045° und um 1545 bei einem Loggestand von 32,4 an Stb querab. Wie groß war die Fahrt der Yacht?
3 Wie lauten die rechtweisenden Peilungen?
4 Wie weit war man bei der 2. Peilung vom *LT Keldsnor* entfernt?

5 Unter welchem Winkel hätte man den Leuchtturm peilen müssen, wenn man eine Vierstrichpeilung durchführen wollte?
6 Wo steht die Yacht um 1545?
7 Von hier setzt man einen Kurs von 158° ab. Man rechnet nun mit einer Abdrift von 05°. Wie lautet der MgK?
8 Um 1645 peilt man den *LT Keldsnor* am Kompaß unter 310° und den Kirchturm *Kappel* auf *Lolland* unter 042°. Wie lauten die rechtweisenden Peilungen?
9 Wo steht man um 1645?
10 Wie ist man versetzt?
11 Wie groß war die Fahrt über Grund?
12 Wie lautet der KüG?
13 Welcher Strom herrscht?
14 Der Schiffsführer entschließt sich zu wenden. Nach der Wende können am Kompaß 075° gesteuert werden. Wie lautet der Kurs durchs Wasser?
15 Welcher Kurs über Grund wird gelaufen?
16 Wie schnell läuft die Yacht über Grund?
17 Was zeigte die Logge am Punkt der Wende an?

# Teil 3:
# Lösungen der Aufgaben

# Aufgabe 1

# Lösung

**1** Man steht an der Ansteuerungstonne *Eckernförde*. Es handelt sich um eine Fahrwassermitte-Tonne: rot-weiß senkrecht gestreift mit rotem Ball als Toppzeichen.

**2** Man entnimmt der Karte: rwK = 068°.

**3**

| | | |
|---|---|---|
| | rwK | 068° |
| entg. Mw | + 02° |
| | mwK | 070° |
| entg. Abl | − 09° |
| | MgK | 061° |

**4** Abdrift braucht nicht berücksichtigt werden, da man mit achterlichem Wind läuft.

**5** Man beobachtet das Leitfeuer *Eckernförde*.

**6** Diese Kennung kennzeichnet den Bb-Gefahrensektor. Hier wird auf die Untiefe *Mittelgrund* hingewiesen. Das daneben liegende Blitzfeuer mit Gruppen von 2 Blitzen kennzeichnet das *Warngebiet Eckernförde Süd*.

**7** Man entnimmt der Seekarte die Distanz von Tonne *Eckernförde* bis zur Tonne *Stollergrund N* mit 12,6 sm.

$$t = \frac{D\ (sm) \cdot 60}{F\ (kn)} = \frac{12,6 \cdot 60}{5} = \underline{\underline{151\ min}}$$

| | |
|---|---|
| Tonne *Eckernförde* | 1800 |
| Fahrtzeit | +0231 |
| Tonne *Stollergrund N* | 2031 |

**8** *LT Schleimünde*:  LFl.(3)R.
*LT Kiel*:  Iso.G.
*LT Bülk*:  Fl.R.
Das *LF Eckernförde* (Oc. R.) kann wegen der Tragweite von nur 8 sm nicht gesehen werden.

**9**

| | |
|---|---|
| MgK | 342,5° |
| Abl | − 05,5° |
| mwK | 337,0° |
| Mw | − 02,0° |
| rwK | 335,0° |

Trägt man diesen rwK in die Karte ein, so führt er zur Sperrgebiet-Tonne 1, gelber Blitz.

**10** Man bildet die Zeitspanne:

| | |
|---|---|
| Koppelort | 2143 |
| Tonne *Stollergrund N* | −2031 |
| Fahrtdauer | 0112 |

Es gilt: D (sm) = F (kn) · t (h)
= 5 · 1,2 = 6 sm
Als Koppelort ergibt sich dann:
$\varphi = 54°\ 38,2'$ N; $\lambda = 010°\ 07,7'$ E

**11** Man hat die Leuchtfeuer *Schleimünde* und *Kiel* gepeilt.

| | LT Kiel | LT Schleimünde |
|---|---|---|
| SP | | 327,0° |
| MgK | | +342,5° |
| MgP | 159,5° | 309,5° |
| Abl | − 05,5° | − 05,5° |
| mwP | 154,0° | 304,0° |
| Mw | − 02,0° | − 02,0° |
| rwP | 152,0° | 302,0° |

Schiffsort:
$\varphi = 54°\ 37,7'$ N; $\lambda = 010°\ 09,5'$ E

**12** BV = 115° −1,3 sm

**13** Peilung und Abstand zum *LT Schlei-münde:* 302° – 5,0 sm. Die Peilung muß natürlich der rwP entsprechen.

**14** Man steht im roten Sektor des Leuchtfeuers *Bülk* und ist etwa 10,5 sm entfernt. Das rote Feuer trägt 11 sm weit. Die Sichtweite für das 29 m hohe Feuer beträgt bei 3 m Augenhöhe 14,7 sm (vgl. die Tafel *Abstand eines Feuers in der Kimm* auf S. 99). Bei normaler Sicht müßte das Feuer also gerade noch wahrnehmbar sein.

**15**

| | |
|---|---:|
| KdW | 311° |
| entg. BW | – 03° |
| rwK | 308° |
| entg. Mw | + 02° |
| mwK | 310° |
| entg. Abl | + 09° |
| MgK | 319° |

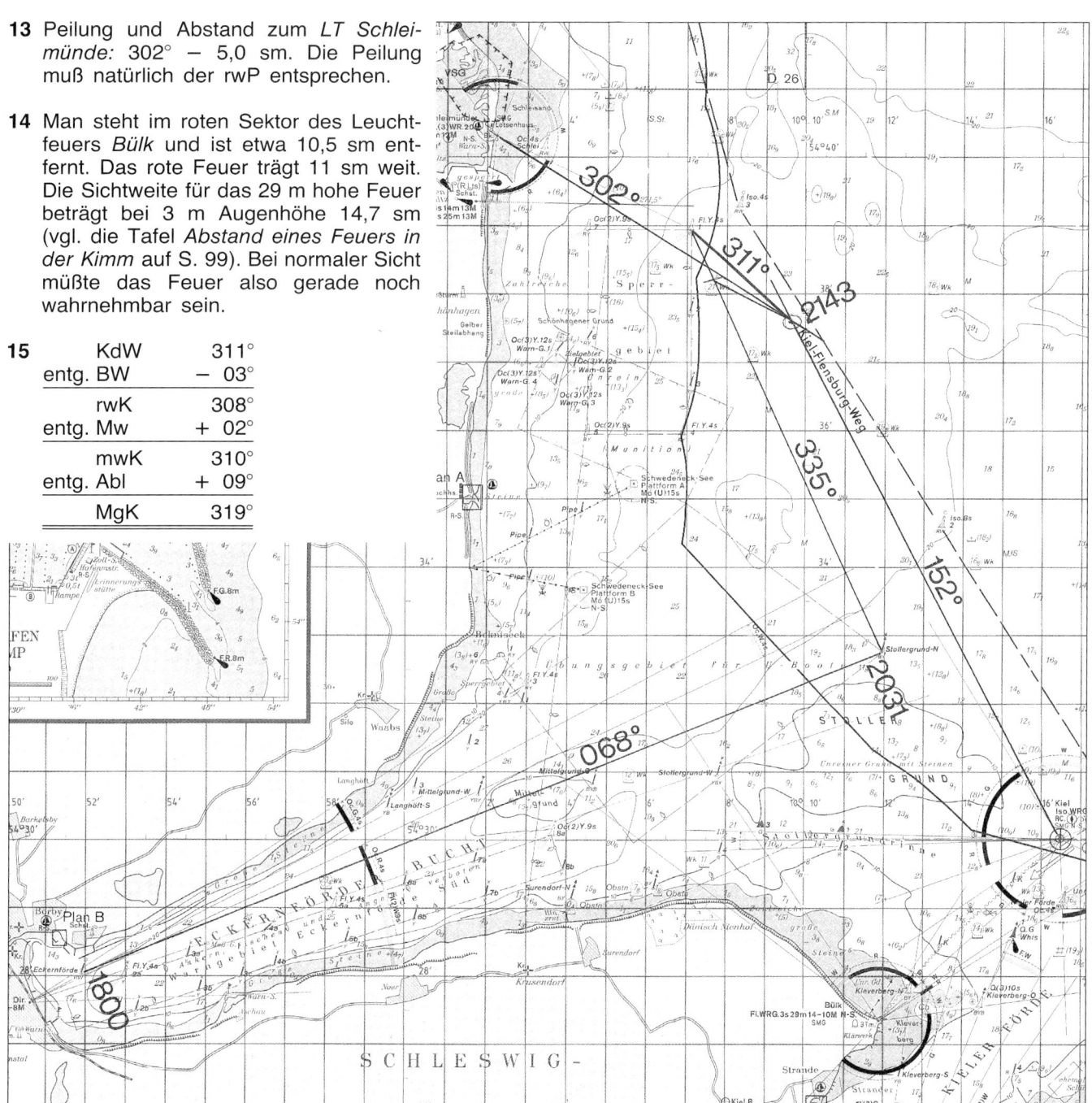

# Aufgabe 2

# Lösung

**1** Um das Leuchtfeuer *Kegnäs,* in dessen rotem Sektor man steht.

**2**

| MgK | 125,5° |
|-----|--------|
| Abl | + 06,5° |
| mwK | 132,0° |
| Mw | − 02,0° |
| rwK | 130,0° |

**3** Die Peilung „recht voraus" von *LT Kalkgrund* entspricht genau dem rwK = 130°. Peilung *LT Kegnäs:*

| MgP | 080,5° |
|-----|--------|
| Abl | + 06,5° |
| mwP | 087,0° |
| Mw | − 02,0° |
| rwP | 085,0° |

**4** Der Schiffsort ergibt sich aus dem Schnittpunkt beider Peilungen:
$\varphi = 54° 50,8'$ N; $\lambda = 009° 50,7'$ E

**5**

| rwK | 094° | (aus der Karte) |
|-----|------|------|
| entg. Mw | + 02° | |
| mwK | 096° | |
| entg. Abl | − 10° | |
| MgK | 086° | |

**6** Die Tonne gehört zu den Sonderzeichen und kennzeichnet ein Gebiet mit unreinem Grund (Gasmunition), das zugleich Übungsgebiet für U-Boote ist.

**7** Es gilt: $F \text{ (kn)} = \dfrac{2 \cdot \text{Meßstrecke (m)}}{\text{Durchlaufzeit (s)}}$

$= \dfrac{2 \cdot 12}{6} = \underline{\underline{4 \text{ kn}}}$

**8** Man entnimmt der Karte eine Distanz von 11 sm.

**9** Um die rot-weiß senkrecht gestreifte Tonne 6 mit einem roten Ball als Toppzeichen.

**10** Weiß! Ist in der Karte keine Feuerfarbe angegeben, so ist das Feuer immer weiß.

**11** Am Schnittpunkt zwischen Kurslinie und Sektorengrenze ist es 15,1 m tief.

**12** Unterbrochenes Feuer (3), weiß.

**13** Es gilt: Abl (MgK) = mwP − MgP.
Die mwP erhalten wir, indem wir die rwP = 045° aus der Karte entnehmen.
Dann gilt:

| rwP | 045° |
|-----|------|
| entg. Mw | + 02° |
| mwP | 047° |

Die MgP ist mit 039° angegeben. Dann erhalten wir:
Abl (MgK) = mwP − MgP = 047° − 039°
$= \underline{\underline{+08°}}$

Die Tabelle gibt aber +10° an!
Beachte, daß man nicht für die Peilwerte, sondern für den MgK von 086° bzw. den mwK von 096° in die Tabelle gehen muß.
*Ergebnis:* Die Tabelle stimmt für den anliegenden Kurs nicht, oder die Peilung wurde ungenau ausgeführt!

**14**

| | *Falshöft* | *Kegnäs* | *Gammel Pöl* |
|-----|------|------|------|
| MgP | 208° | 290° | 005,5° |
| Abl | + 10° | + 10° | + 10,0° |
| mwP | 218° | 300° | 015,5° |
| Mw | − 02° | − 02° | − 02,0° |
| rwP | 216° | 298° | 013,5 |

Wir arbeiten weiterhin mit dem Wert der Deviationstabelle!

**15** $\varphi = 54° 50,1'$ N; $\lambda = 010° 03'$ E

$t = \dfrac{D \text{ (sm)} \cdot 60}{F \text{ (kn)}} = \dfrac{11 \cdot 60}{4} = \underline{\underline{165 \text{ min}}}$

| Ort der Peilungen um | 2310 |
|-----|------|
| Fahrtzeit | +0244 |
| Ankunftszeit | 0154 |

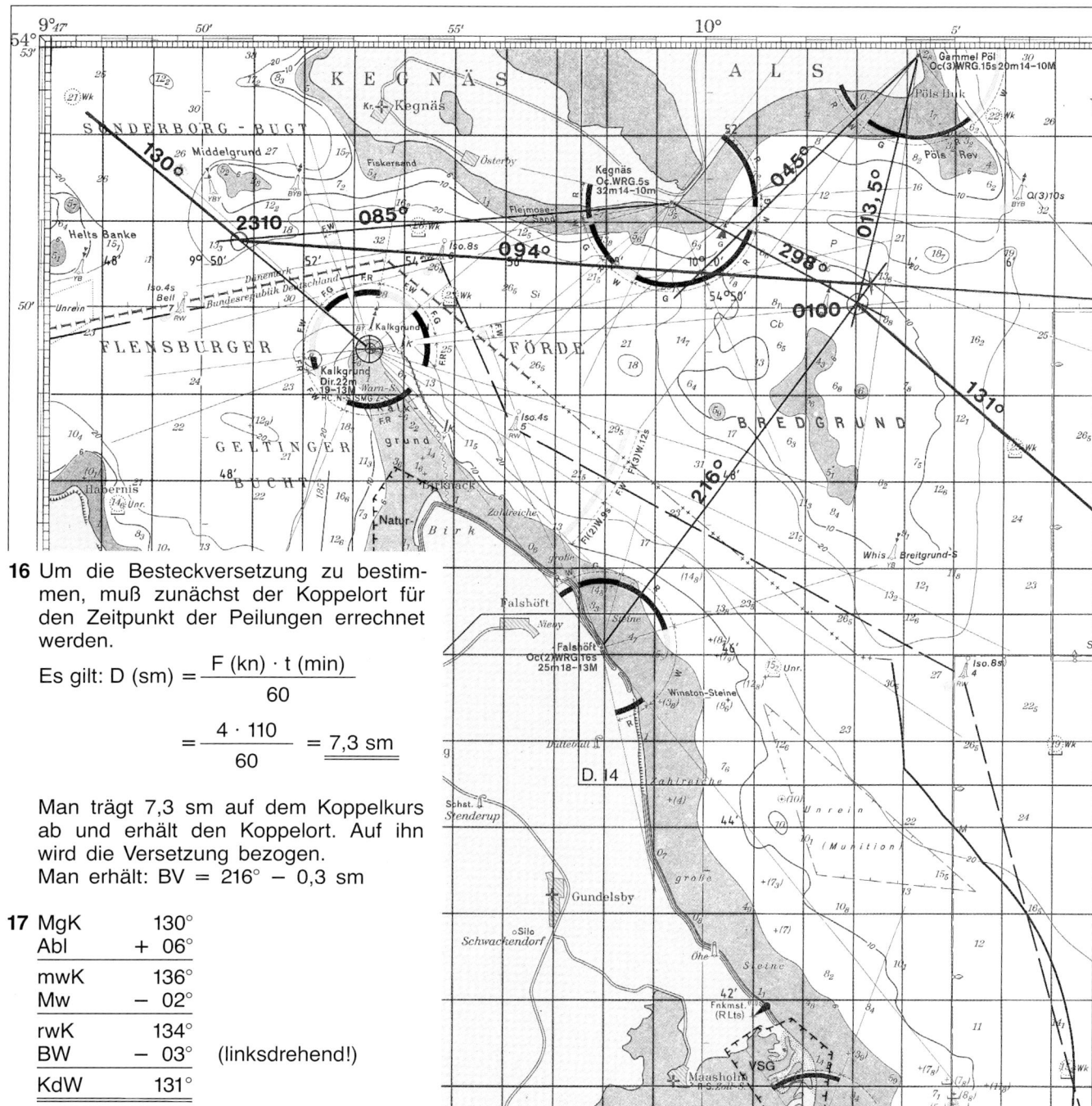

**16** Um die Besteckversetzung zu bestimmen, muß zunächst der Koppelort für den Zeitpunkt der Peilungen errechnet werden.

Es gilt: $D\ (sm) = \dfrac{F\ (kn) \cdot t\ (min)}{60}$

$= \dfrac{4 \cdot 110}{60} = \underline{\underline{7{,}3\ sm}}$

Man trägt 7,3 sm auf dem Koppelkurs ab und erhält den Koppelort. Auf ihn wird die Versetzung bezogen.
Man erhält: BV = 216° − 0,3 sm

**17**

| | |
|---|---|
| MgK | 130° |
| Abl | + 06° |
| mwK | 136° |
| Mw | − 02° |
| rwK | 134° |
| BW | − 03° (linksdrehend!) |
| KdW | 131° |

Kartenkurs = 131°

# Aufgabe 3

# Lösung

**1** Tags: 1 schwarzer Ankerball.
Nachts: 1 weißes Rundumlicht.
Beide Zeichen sind dort zu setzen, wo sie am besten gesehen werden können.

**2**

|  | *Laboe* | *D'hagen* |
|---|---|---|
| MgP | 166° | 260° |
| Abl | − 10° | − 10° |
| mwP | 156° | 250° |
| Mw | − 02° | − 02° |
| rwP | 154° | 248° |

**3** In unmittelbarer Nähe der Tonne *Kleverberg-S*.

**4**

|  | rwK | 050° | (aus der Karte) |
|---|---|---|---|
| entg. Mw | | + 02° | |
| | mwK | 052° | |
| entg. Abl | | − 07° | |
| | MgK | 045° | |

**5** Distanz vom Ankerplatz zur Tonne *Kleverberg-O* aus der Seekarte: 1,6 sm.

| *Kleverberg O* um | 0800 |
|---|---|
| „Anker auf!" um | −0744 |
| Fahrtzeit | 0016 |

Es gilt: $F (kn) = \dfrac{D (sm) \cdot 60}{t (min)}$

$$= \frac{1,6 \cdot 60}{16} = \underline{\underline{6 \text{ kn}}}$$

**6**

| MgK | 349° |
|---|---|
| Abl | − 04° |
| mwK | 345° |
| Mw | − 02° |
| rwK | 343° |

Trägt man diesen Kurs in die Karte ein, so führt er zur Tonne 3 des *Kiel-Flensburg-Weges*.

**7** Distanz aus der Karte: 12,2 sm.
Bei einer Fahrt von 6 kn benötigt man 2.02 h. Also:

| *Kleverberg-O* | 0800 |
|---|---|
| Fahrtzeit | 0202 |
| Tonne 3 | 1002 |

**8** Bei 6 kn Fahrt legt man in 85 Minuten 8,5 sm zurück. Der Koppelort für 0925:

$\varphi = 54° \ 35,7' \ N; \ \lambda = 010° \ 10,2' \ E$

**9** 147° −6,8 sm

**10**

|  | 1. Peilung | 2. Peilung |
|---|---|---|
| SP | 325° | 308° |
| rwK | 343° | 343° |
| rwP | 308° | 291° |

**11** Durch Konstruktion dieser Doppelpeilung erhält man bei einer Versegelung von 19,3 − 16,1 = 3,2 sm als Schiffsort:

$\varphi = 54° \ 35,7' \ N; \ \lambda = 010° \ 11,4' \ E$

**12** BV = 88° − 0,8 sm

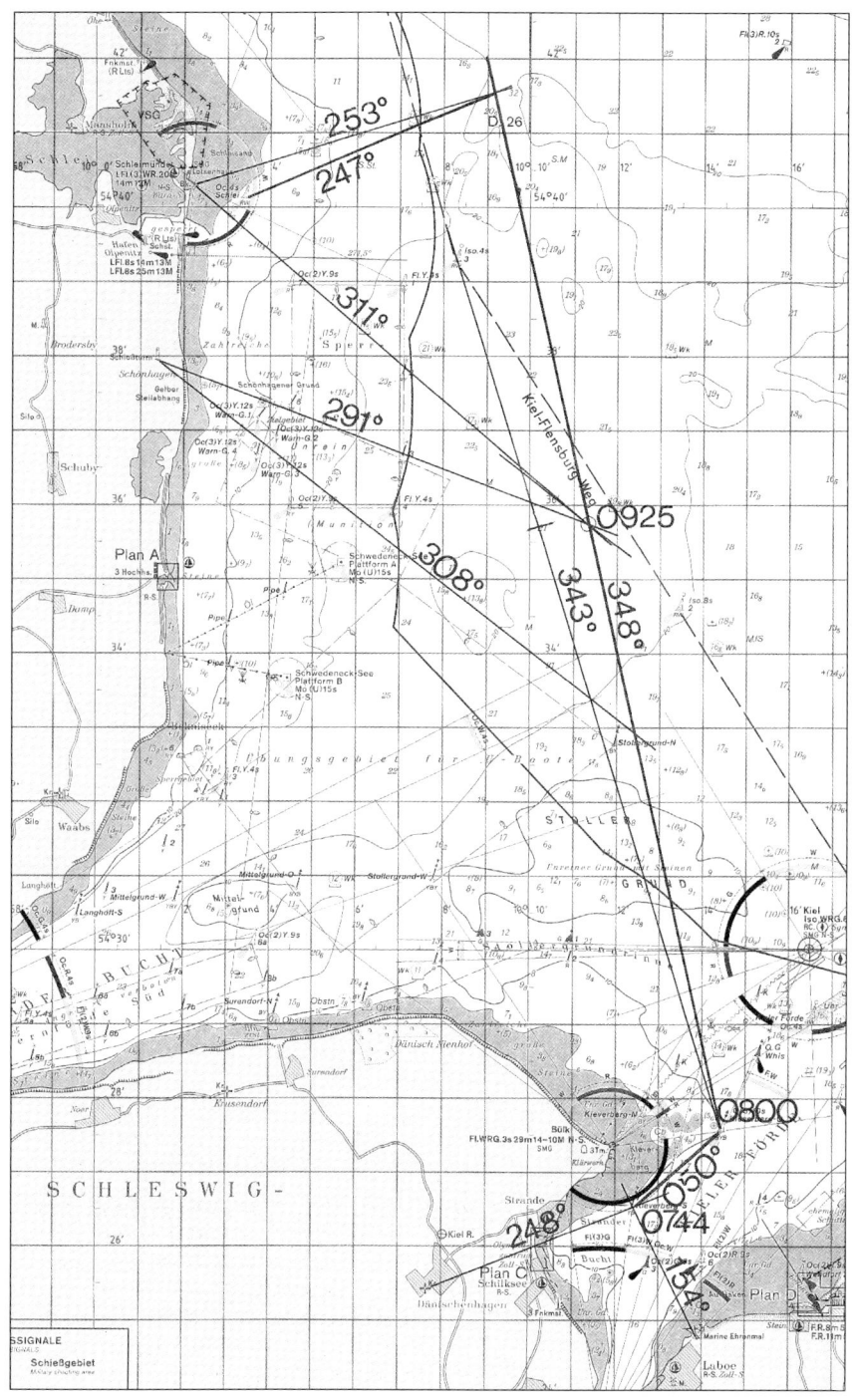

**13** 348°

**14**

| | |
|---|---|
| MgP | 317° |
| Abl | − 04° |
| mwP | 313° |
| Mw | − 02° |
| rwP | 311° |

**15** Wird diese Peilung eingetragen, so läuft sie fast genau durch den letzten Schiffsort.

**16** BW =
KdW − rwK = 348° − 343° = +5°

**17** Jede Seitenpeilung ist auf den rwK bezogen, ebenso eine Querab-Peilung. Die rechtweisende Peilung ergibt sich dann aus:
rwK − 90° = 343° − 90° = 253°
Trägt man diese Peilung ein, ergibt sich:
$\varphi$ = 54° 41,5′ N; $\lambda$ = 010° 09,4′ E

**18**

| | | |
|---|---|---|
| MgK | 259° | |
| Abl | − 06° | |
| mwK | −253° | |
| Mw | − 02° | |
| rwK | 251° | |
| BW | − 04° | (linksdrehend) |
| KdW | 247° | |

Der KaK = 247°

**19** Der Kurs führt zur Ansteuerungstonne *Schlei.*

**20** Nein, denn der D 30 sind keine Informationen über das Fahrwasser der Schlei zu entnehmen. Man muß also eine größere Detailkarte verwenden.

**21** Aus einem Hafenhandbuch oder Führer für Sportschiffer.

# Lösung

**1**

| MgK | 209° |
|---|---|
| Abl | − 01° |
| mwK | 208° |
| Mw | − 02° |
| rwK | 206° |

**2** Der Schiffsort ergibt sich aus dem Schnittpunkt der (verlängerten) Richtfeuerlinie von *Enehöje* und der rwP *LT Albuen*.

| MgP | 147° |
|---|---|
| Abl | − 01° |
| mwP | 146° |
| Mw | − 02° |
| rwP | 144° |

Ein anderer Wert für die Ablenkung (etwa + 05°) ist falsch, da er nicht auf den Kurs bezogen wäre!
Schiffsort:
$\varphi = 54°\ 52{,}2'$ N; $\lambda = 010°\ 55{,}2'$ E

**3**

| | rwP | 120° | (aus der Karte) |
|---|---|---|---|
| entg. Mw | | + 02° | |
| | mwP | 122° | |
| entg. Abl | | + 01° | |
| | MgP | 123° | |

Man hätte 123° auf dem Kompaß peilen müssen.
Für die Seitenpeilung gilt:
SP + rwK = rwP
Also: SP = rwP − rwK
SP = 120° −206°
SP = 274°

**4**

| | rwK | 218° |
|---|---|---|
| entg. Mw | | + 02° |
| | mwK | 220° |
| entg. Abl | | + 02° |
| | MgK | 222° |

**5** Es gilt: $F\ (kn) = \dfrac{D\ (sm)}{t\ (h)}$

Aus der Karte entnimmt man die Distanz vom Ort der Kursänderung bis DW 54 mit 3,6 sm.

| Ankunftszeit bei DW 54 | 0715 |
|---|---|
| Kursänderung um | −0630 |
| Fahrtzeit | 0045 |

$F\ (kn) = \dfrac{3{,}6 \cdot 60}{45} = \underline{4{,}8\ kn}$

**6** DW bedeutet Tiefwasserweg (Deep Water route), hier mit einer Mindesttiefe von 19 m.

**7** Sektorenfeuer Blitz rot und grün, Wiederkehr 3 Sekunden, Feuerhöhe 10 m, Tragweite 5 sm, Radarantwortbake.

**8** Man erhält den Ort der Querab-Peilung, indem man die rwP einträgt. Sie ergibt sich aus:
rwK + 90° = 218° + 90° = 308°
Die Distanz bis dorthin beträgt 5,8 sm.

Es gilt: $t\ (min) = \dfrac{D\ (sm) \cdot 60}{F\ (kn)}$

$= \dfrac{5{,}8 \cdot 60}{4{,}8} = \underline{73\ min}$

| DW 54 | 0715 |
|---|---|
| Fahrtzeit | +0113 |
| Querab-Peilung um | 0828 |

**9**

| | *LT Keldsnor* | | *Kr. Magleby* |
|---|---|---|---|
| SP | 027° | | 074° |
| rwK | 218° | | 218° |
| rwP | 245° | | 292° |

**10** Schiffsort:
$\varphi = 54°\ 45{,}1'$ N; $\lambda = 010°\ 47{,}9'$ E

**11** Zunächst muß der Koppelort für 0800 ermittelt werden. Bei einer Fahrt von 4,8 kn hat man in 45 Minuten 3,6 sm zurückgelegt, die von DW 54 aus angetragen werden. Von diesem Koppelort aus wird die Versetzung abgelesen:
94° − 0,8 sm

**12** Da die Versetzung nicht durch Strom verursacht wurde, muß die Logge den tatsächlich gesegelten Weg zeigen:

| | |
|---|---|
| Um 0630 | 5,0 |
| bis DW 54 | 3,6 |
| bis 0800 | 3,3 |
| Anzeige | 11,9 |

**13**  Es gilt:

$$F\,(kn) = \frac{D\,(sm) \cdot 60}{t\,(min)} = \frac{3,3 \cdot 60}{45} = \underline{\underline{4,4\ kn}}$$

**14**

| | |
|---|---|
| KdW | 237° |
| entg. BW | + 05° |
| rwK | 242° |
| entg. Mw | + 02° |
| mwK | 244° |
| entg. Abl | + 05° |
| MgK | 249° |

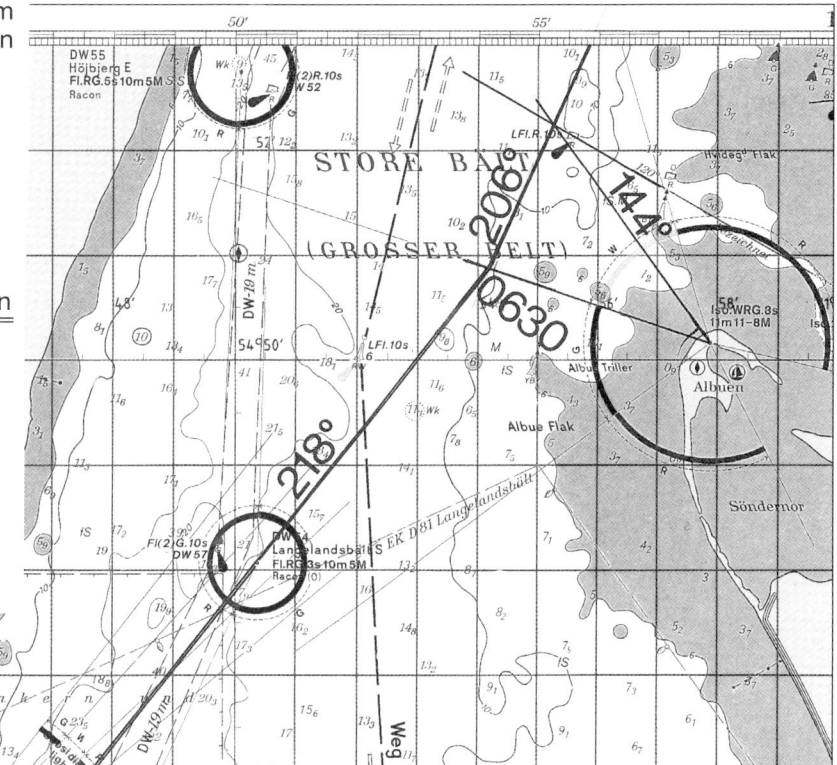

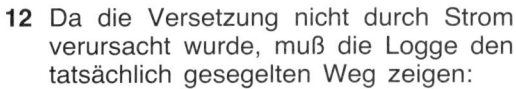

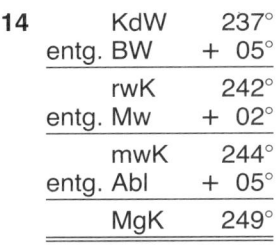

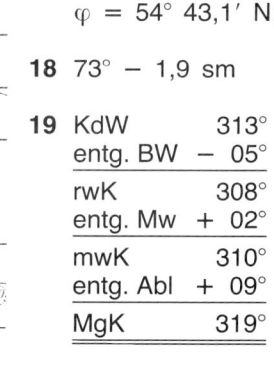

**15** Kiellinie = rwK = 242°

**16** Distanz = 8,4 sm

Es gilt: $t = \dfrac{D}{F} = \dfrac{8,4 \cdot 60}{4,4} = 115$ min

Ankunftszeit also: 0955

**17** Durch Eintragen der Deckpeilung erhält man:

$\varphi = 54° \ 43,1'$ N; $\lambda = 010° \ 42,5'$ E

**18** 73° − 1,9 sm

**19**

| | |
|---|---|
| KdW | 313° |
| entg. BW | − 05° |
| rwK | 308° |
| entg. Mw | + 02° |
| mwK | 310° |
| entg. Abl | + 09° |
| MgK | 319° |

# Aufgabe 5

# Lösung

**1** Es wurde eine Vierstrichpeilung vorgenommen. Den Schiffsort erhält man, indem man die Versegelung auf der zum rwK senkrecht verlaufenden letzten Peillinie durch den Leuchtturm abträgt.

| | |
|---|---|
| Loggestand 2. Peilung | 39,2 |
| Loggestand 1. Peilung | −37,0 |
| Versegelung | 2,2 |

| | |
|---|---|
| MgK | 234° |
| Abl | − 03° |
| mwK | 231° |
| Mw | − 02° |
| rwK | 229° |

Trägt man die letzte Peillinie mit 229° +90° = 319° in die Karte ein und trägt hierauf 2,2 sm ab, so erhält man:
$\varphi$ = 54° 22,5′ N; $\lambda$ = 011° 21,2′ E

**2** 20 m

**3** BV = 195° −1,5 sm

**4**

| | |
|---|---|
| rwK | 271° |
| entg. Mw | + 02° |
| mwK | 273° |
| entg. Abl | + 09° |
| MgK | 282° |

**5** Es gilt: $F\,(kn) = \dfrac{D\,(sm) \cdot 60}{t\,(min)}$

$$= \frac{6,2 \cdot 60}{62} = \underline{\underline{6\ kn}}$$

**6** Der Kartenkurs entspricht in diesem Fall dem KdW, der in der Karte mit 305° angegeben ist.

**7**

| | |
|---|---|
| KdW | 305° |
| entg. BW | + 02° |
| rwK | 307° |
| entg. Mw | + 02° |
| mwK | 309° |
| entg. Abl | + 09° |
| MgK | 318° |

**8** „Recht voraus" liegen die beiden Feuer nur dann, wenn sie auf der vom rwK gebildeten Linie liegen. Hier wird aber um die Abdrift vorgehalten.

**9** Man hält auf das Richtfeuer zu, das von den Leuchtfeuern *Flügge* und *Strukkamphuk* gebildet wird. An der Fehmarnsundbrücke wird der Kurs so geändert, daß man im Sektor Oc.W. 4s des Brückenfeuers den Sund nach W verläßt.

**10** Im *Ostseehandbuch* des DHI findet man 23 m lichte Durchfahrthöhe.

**11** Wenn − wie beim Fehmarnsund − zwei Meeresteile durch ein Fahrwasser verbunden werden, legt ein aus westlicher Richtung (einschl. rwN ausschl. rwS) kommendes Fahrzeug die Fahrwasserseiten fest. Die Betonnung ist hier also richtig, da ein aus W kommendes Fahrzeug die Stb-Tonnen an seiner Stb-Seite und die Bb-Tonnen an seiner Bb-Seite hat. Die Betonnungsrichtung ist auch an den beiden vor und nach der Fehmarnsundbrücke in der Seekarte wiedergegebenen Pfeilen erkennbar.

**12**

| | | |
|---|---|---|
| MgK | 307° | |
| Abl | − 10° | |
| mwK | 297° | |
| Mw | − 02° | |
| rwK | 295° | |
| BW | − 03° | (linksdrehend) |
| KdW | 292° | |

KaK (Kartenkurs) = 292°

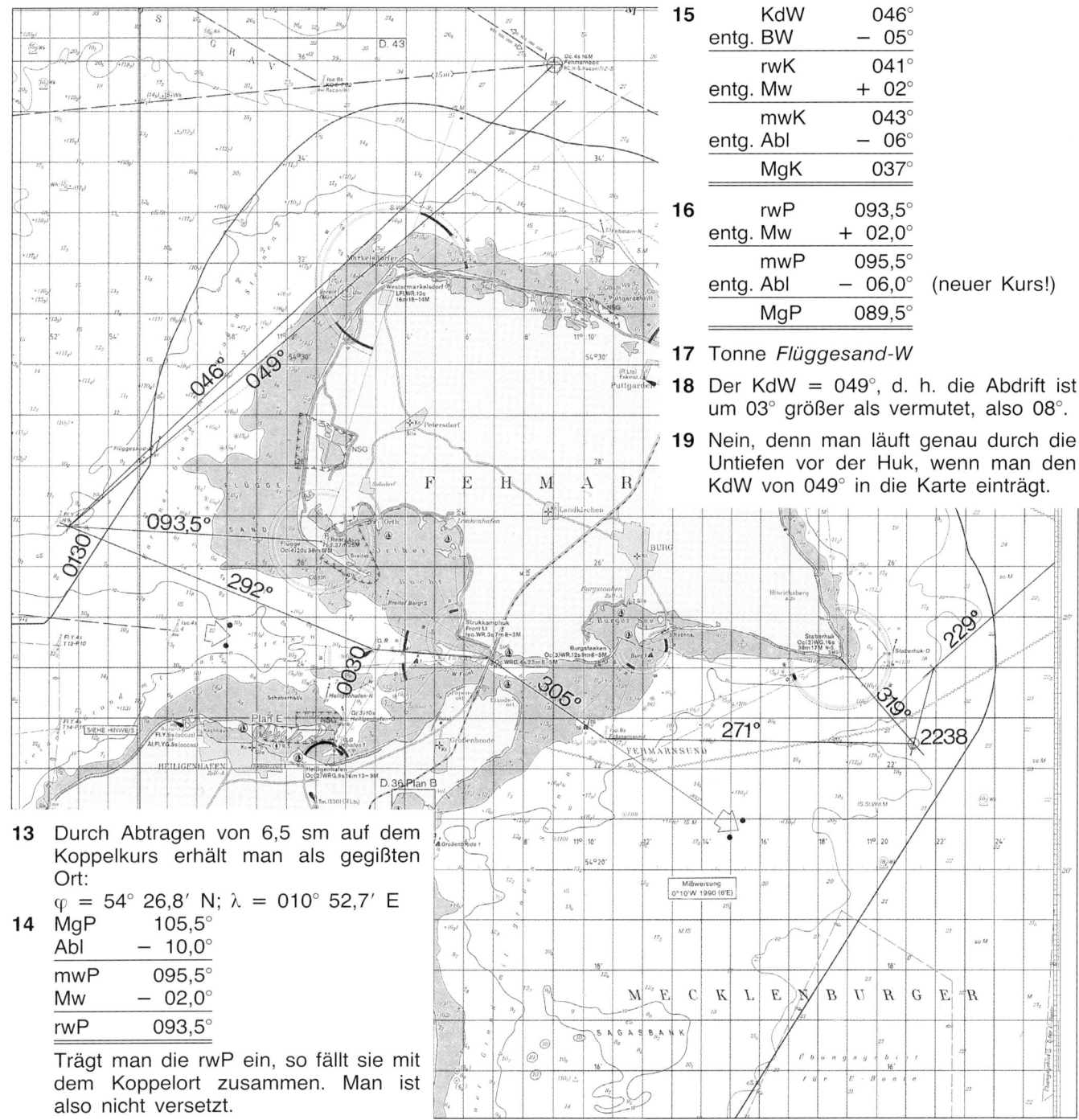

**15**

| KdW | 046° |
|---|---|
| entg. BW | − 05° |
| rwK | 041° |
| entg. Mw | + 02° |
| mwK | 043° |
| entg. Abl | − 06° |
| MgK | 037° |

**16**

| rwP | 093,5° | |
|---|---|---|
| entg. Mw | + 02,0° | |
| mwP | 095,5° | |
| entg. Abl | − 06,0° | (neuer Kurs!) |
| MgP | 089,5° | |

**17** Tonne *Flüggesand-W*

**18** Der KdW = 049°, d. h. die Abdrift ist um 03° größer als vermutet, also 08°.

**19** Nein, denn man läuft genau durch die Untiefen vor der Huk, wenn man den KdW von 049° in die Karte einträgt.

**13** Durch Abtragen von 6,5 sm auf dem Koppelkurs erhält man als gegißten Ort:

$\varphi = 54° 26,8'$ N; $\lambda = 010° 52,7'$ E

**14**

| MgP | 105,5° |
|---|---|
| Abl | − 10,0° |
| mwP | 095,5° |
| Mw | − 02,0° |
| rwP | 093,5° |

Trägt man die rwP ein, so fällt sie mit dem Koppelort zusammen. Man ist also nicht versetzt.

# Aufgabe 6

# Lösung

**5**  φ = 54° 25,1′ N; λ = 010° 48,1′ E

**6**  Man entnimmt der Karte: 001°.

**7**  Zunächst muß der Koppelort für 1010 ermittelt werden. Er ergibt sich aus der FdW von 5 kn und der Zeitspanne zwischen 1010 und 0940.
Es gilt: D (sm) = F (kn) · t (h) = 5 · ½
$$= \underline{2,5 \text{ sm}}$$

Trägt man diese 2,5 sm vom Schiffsort von 0940 aus auf dem KdW ab, so erhält man den Koppelort, auf den die Versetzung bezogen werden muß. Man erhält: BV = 79° − 0,4 sm

**8**

| | | |
|---|---|---|
| | KdW | 003° |
| entg. BW | | + 04° |
| | rwK | 007° |
| entg. Mw | | + 02° |
| | mwK | 009° |
| entg. Abl | | − 01° |
| | MgK | 008° |

**9**

| | | |
|---|---|---|
| MgK | 098° | |
| Abl | + 09° | |
| mwK | 107° | |
| Mw | − 02° | |
| rwK | 105° | |
| BW | + 04° | (nun rechtsdrehend) |
| KdW | 109° | |

**10**  Da der *LT Flügge* nach der Wende genau recht voraus war, sah man ihn in der Verlängerung der Kiellinie, also auf dem neuen rwK von 105°. Den Ort der Wende erhalten wir, indem wir 105° vom *LT Flügge* aus antragen und den Schnittpunkt mit dem KdW von 003° bilden.
φ = 54° 28,5′ N; λ = 010° 48,5′ E

**11**  Distanz aus der Karte: 3,4 sm
Fahrtzeit: 1010 bis 1044 = 34 min

$$\text{Fahrt} = \frac{3,4 \cdot 60}{34} = \underline{\underline{6 \text{ kn}}}$$

**1**  φ = 54° 22,5′ N; λ = 010° 48′ E

**2**

| | | |
|---|---|---|
| MgK | 000° | |
| Abl | − 02° | |
| mwK | 358° | |
| Mw | − 02° | |
| rwK | 356° | |
| Bw | − 04° | (linksdrehend) |
| KdW | 352° | |

Kartenkurs = 352°

**3**  Die Richtung der Kiellinie entspricht dem rwK, also 356°!

**4**  Zunächst wird die Bb-Seitenpeilung umgerechnet in eine Seitenpeilung der Vollkreisscheibe:
SP = 360° − 112° = 248°

| | *LT Neuland* | Kr. *H'Hafen* |
|---|---|---|
| SP | 248° | 117° |
| rwK | 356° | 356° |
| rwP | 244° | 113° |

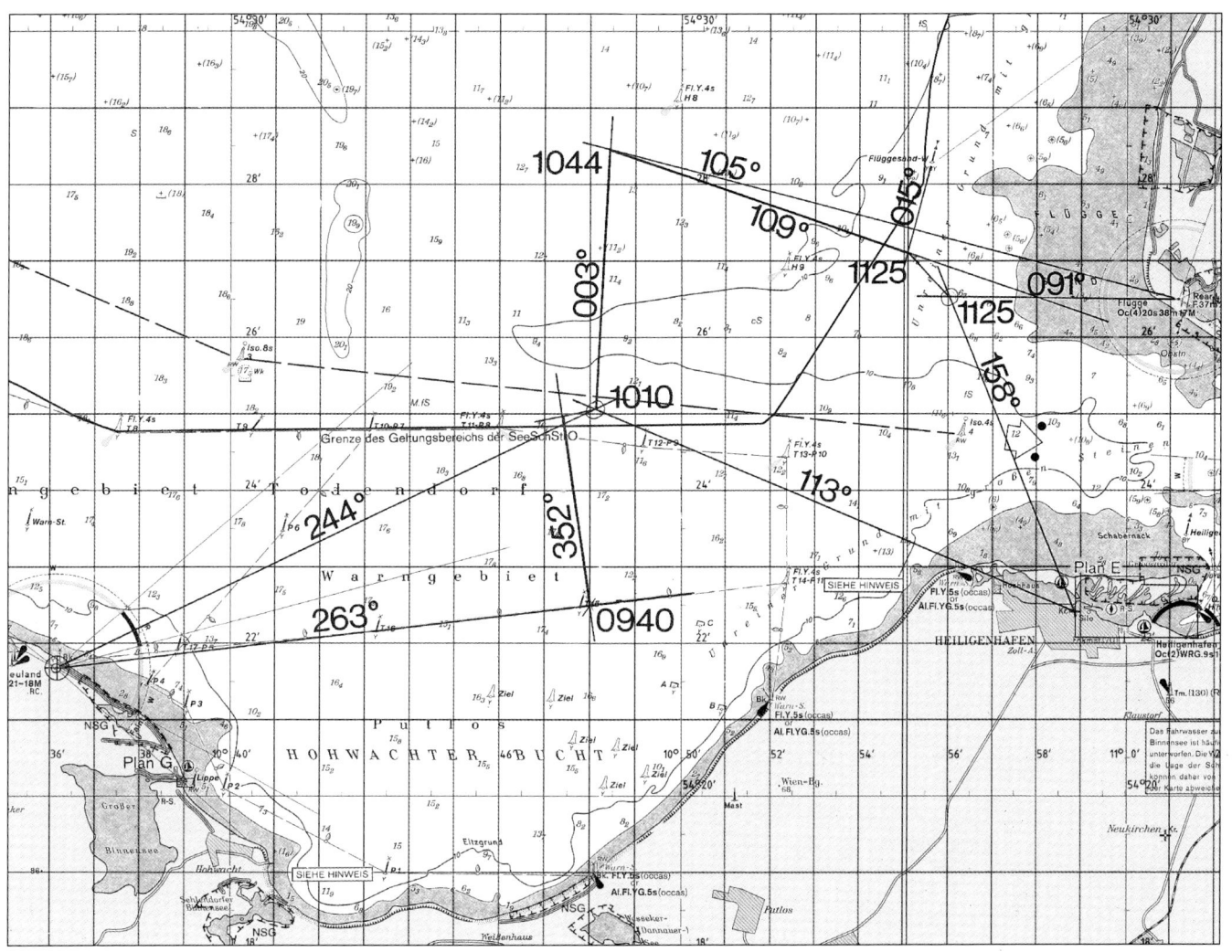

**12** Die Querab-Peilung ist auf den rwK von 105° zu beziehen: 105° − 90° = 015°. Trägt man diese Linie von der Tonne ausgehend in die Karte ein, so schneidet sie den KdW im Ort der Querab-Peilung. Bis dorthin sind es 4,1 sm, die bei 6 kn Fahrt in 41 Minuten zurückgelegt werden.

| | |
|---|---:|
| Wende um | 1044 |
| Fahrtzeit | +0041 |
| Tonne Bb querab um | 1125 |

**13**

| | LT Flügge | Kr. H'hafen |
|---|---|---|
| MgP | 084° | 151° |
| Abl | + 09° | + 09° |
| mwP | 093° | 160° |
| Mw | − 02° | − 02° |
| rwP | 091° | 158° |

**14** $\varphi = 54° 26{,}6' N; \lambda = 010° 56' E$

**15** Wassertiefe: etwa 7 m

**16** BV = 136° − 0,8 sm

# Aufgabe 7

## Lösung

**1**

| | LT Neuland | Kr. Schönberg |
|---|---|---|
| MgP | 176° | 255° |
| Abl | − 09° | − 09° |
| mwP | 167° | 246° |
| Mw | − 02° | − 02° |
| rwP | 165° | 244° |

**2** $\varphi = 54°\ 27{,}1'$ N; $\lambda = 010°\ 33{,}7'$ E

**3**

| | KdW | 302° | (aus der Karte) |
|---|---|---|---|
| entg. BW | | + 04° | |
| | rwK | 306° | |
| entg. Mw | | + 02° | |
| | mwK | 308° | |
| entg. Abl | | + 09° | |
| | MgK | 317° | |

**4** Distanz zur Tonne *Gabelsflach O* aus der Karte: 8,2 sm

Es gilt: $t\ (min) = \dfrac{D\ (sm) \cdot 60}{F\ (kn)}$

$= \dfrac{8{,}2 \cdot 60}{5{,}5} = 89\ min$

| | |
|---|---|
| Kreuzpeilung um | 1431 |
| Fahrtzeit | 0129 |
| Ankunftszeit | 1600 |

**5**

| | 1. Peilung | 2. Peilung |
|---|---|---|
| SP | 329° | 311° |
| rwK | 306° | 306° |
| rwP | 275° | 257° |

Beachte, daß Seitenpeilungen auch bei Wind- oder Stromeinfluß auf den rwK (= Kiellinie) bezogen werden.

Durch Konstruktion der Doppelpeilung ergibt sich:
$\varphi = 54°\ 30{,}7'$ N; $\lambda = 010°\ 21{,}5'$ E

**6** Der Koppelort ergibt sich aus:

$D\ (sm) = \dfrac{t\ (min) \cdot F\ (kn)}{60} = \dfrac{89 \cdot 5{,}5}{60}$

$= 8{,}2\ sm$

Trägt man diesen Koppelort in die Karte ein, so erhält man: BV = 194° − 0,8 sm.

**7** Ja, denn der Winkel zwischen KdW und der 1. Peilung beträgt 27° und zwischen der 2. Peilung und dem KdW 45°. Doch könnte die starke Versetzung auf Strom beruhen, so daß der Kartenkurs nicht mehr dem KdW entspricht. Dann liegt auf den Kartenkurs bezogen auch keine 27°/45°-Peilung mehr vor.

**8** Turmhöhe aus dem Lfv.: 33 m
Entfernung aus der Tabelle: 3,0 sm
Die Entfernung muß durch Interpolieren gewonnen werden.
Der oben gefundene Schiffsort wird also bestätigt.

**9** Gleichtaktfeuer mit weißen, roten und grünen Sektoren, Wiederkehr 6 Sekunden, Feuerhöhe 29 m, Nenntragweite 18/14 sm, Kreisfunkfeuer, Lotsenversetzstelle, Signalstelle, Radarantwortbake, Sichtweitenmeßgerät, Nebelschallsignal.

**10** Bb querab ist auf den rwK bezogen!
rwP = 306° − 90° = 216°
Man erhält als Schiffsort:
$\varphi = 54°\ 31{,}7'$ N; $\lambda = 010°\ 18{,}6'$ E

**11**

| | MgK | 034° | |
|---|---|---|---|
| Abl | | + 06° | |
| | mwK | 040° | |
| Mw | | − 02° | |
| | rwK | 038° | |
| BW | | + 04° | (nun rechtsdrehend) |
| | KdW | 042° | |

KaK = 042°

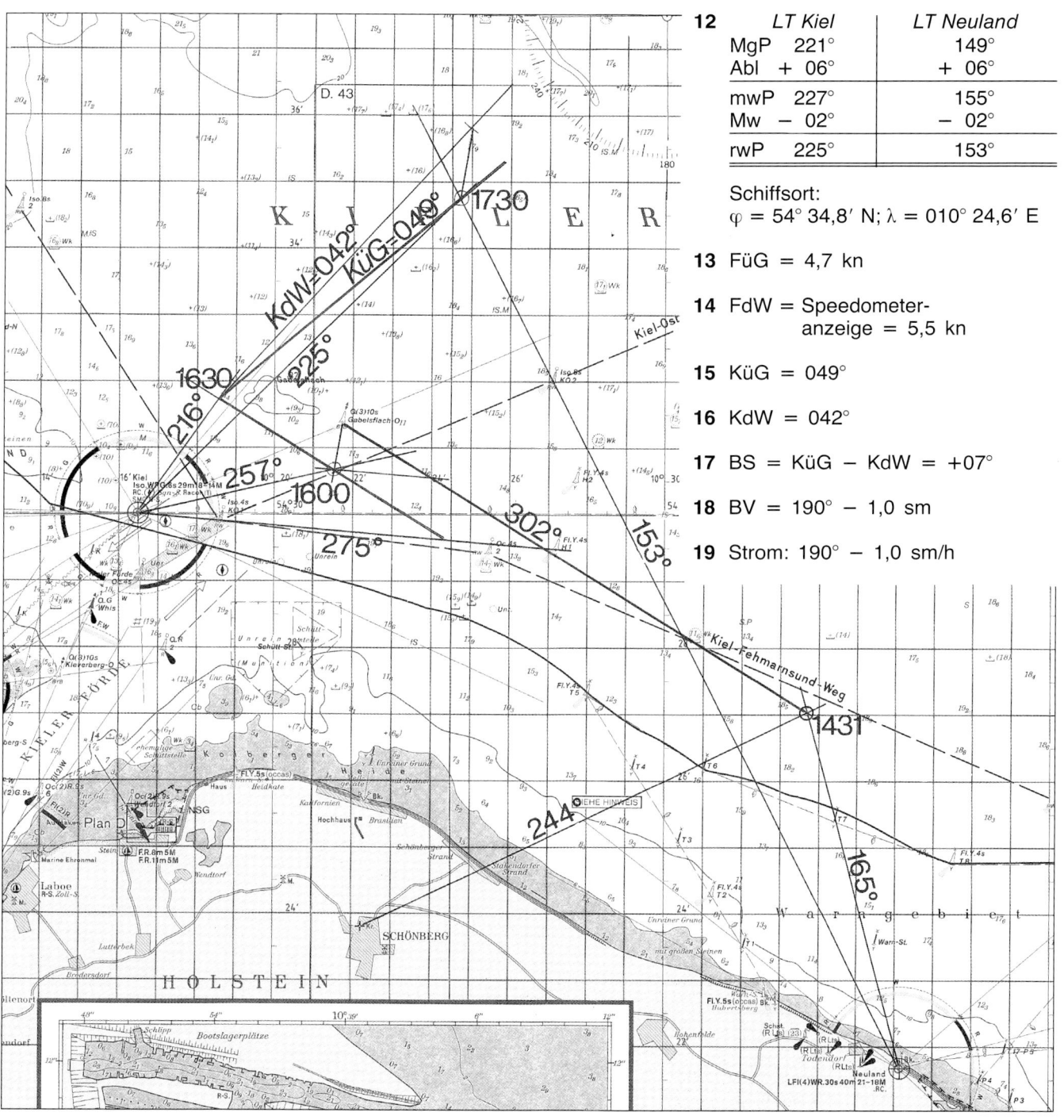

| **12** | *LT Kiel* | *LT Neuland* |
|---|---|---|
| MgP | 221° | 149° |
| Abl | + 06° | + 06° |
| mwP | 227° | 155° |
| Mw | − 02° | − 02° |
| rwP | 225° | 153° |

Schiffsort:
$\varphi = 54° \ 34,8' \ N; \ \lambda = 010° \ 24,6' \ E$

**13** FüG = 4,7 kn

**14** FdW = Speedometer-
anzeige = 5,5 kn

**15** KüG = 049°

**16** KdW = 042°

**17** BS = KüG − KdW = +07°

**18** BV = 190° − 1,0 sm

**19** Strom: 190° − 1,0 sm/h

## Lösung

**1** Ein Fahrzeug unter Segel, das gleichzeitig mit Maschinenkraft fährt, muß tagsüber einen schwarzen Kegel – Spitze unten – führen (Regel 25e Kollisionsverhütungsregeln – KVR).

**2**

| | |
|---|---|
| MgK | 328° |
| Abl | – 08° |
| mwK | 320° |
| Mw | – 02° |
| rwK | 318° |
| BW | – 07°  (linksdrehend!) |
| KdW | 311° |

Der Kartenkurs ist gleich 311°.

**3**

| | Tonne | LT Flügge |
|---|---|---|
| MgP | 213° | 081° |
| Fw | – 10° | – 10° |
| rwP | 203° | 071° |

Trägt man beide Peilungen in die Karte ein, so schneiden sie genau den Koppelkurs. Die Entfernung von der Tonne *Heiligenhafen* beträgt 3,4 sm. Man hatte also eine Fahrt von 3,4 kn.

**4** Es gilt: $D\,(sm) = \dfrac{F\,(kn) \cdot t\,(min)}{60}$

$$= \frac{3,4 \cdot 75}{60} = \underline{\underline{4,3\ sm}}$$

Man trägt 4,3 sm auf dem Koppelkurs ab und erhält als Ort der Wende:
$\varphi = 54°\ 28,4'\ N;\ \lambda = 010°\ 51,4'\ E$

**5**

| | | |
|---|---|---|
| | KdW | 052° |
| entg. BW | – 07° | |
| | rwK | 045° |
| entg. Mw | + 02° | |
| | mwK | 047° |
| entg. Abl | – 06,5° | |
| | MgK | 040,5° |

**6** Beachte, daß jede Querab-Peilung auf die Kielrichtung, also auf den rwK bezogen wird, nicht aber auf den KdW!
Die rechtweisende Peilung der Querab-Peilung erhält man also, indem man rechnet:
rwK +90° = 45° +90° = 135°
Trägt man diese Peilung in die Karte ein, erkennt man, daß sie sich nicht im rechten Winkel mit dem Kartenkurs schneidet.
Die Distanz zu diesem Loggeort beträgt 7,3 sm. Als Fahrtzeit ergibt sich:

$$t\,(min) = \frac{D\,(sm) \cdot 60}{F\,(kn)}$$

$$= \frac{7,3 \cdot 60}{3,4} = 129\ min$$

| Ankunftszeit: | Wende um | 1700 |
|---|---|---|
| | Fahrtzeit | +0209 |
| | Ankunft um | 1909 |

Man wird voraussichtlich (bei gleichbleibenden Verhältnissen) um 1909 *LT Westermarkelsdorf* querab peilen.

**7** rwP = SP + rwK
rwP = 073° + 045° = $\underline{\underline{118°}}$

**8** Man rechnet: $D = \dfrac{13 \cdot H\,(m)}{7 \cdot n\,(min)}$

$$= \frac{13 \cdot 16}{7 \cdot 13} = 2,3\ sm$$

Zieht man einen Kreis mit Radius von 2,3 sm um den Leuchtturm, so schneidet er die rwP von 118° in folgendem Ort:
$\varphi = 54°\ 32,7'\ N;\ \lambda = 011°\ 00,1'\ E$

**9** Nichts! Ihre Größe bestimmt sich lediglich nach der Erkennbarkeit und Übersichtlichkeit in der Karte.

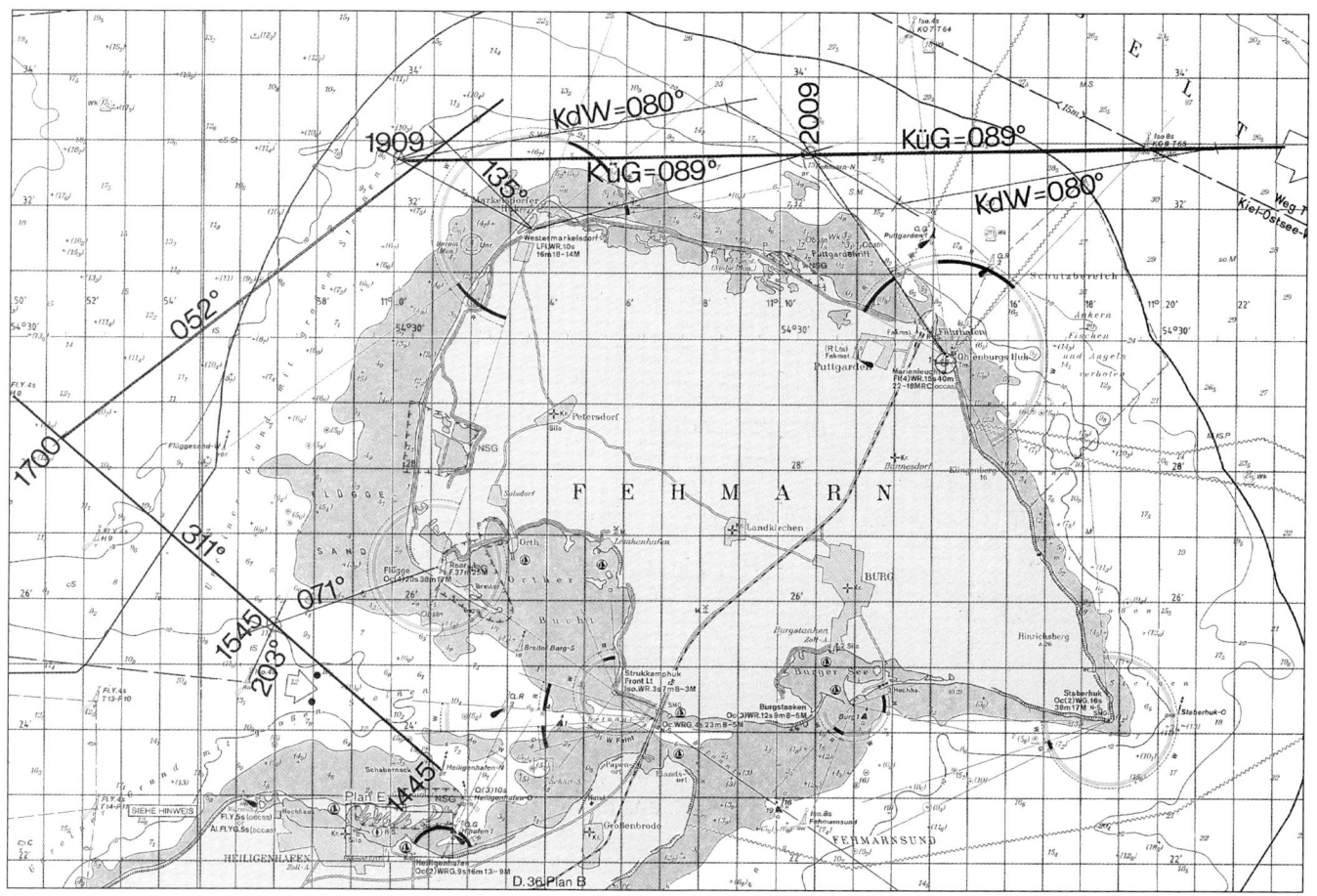

**10** BV = 251° − 0,8 sm

**11** Genau auf den Sektorengrenzen der Leuchtfeuer *Marienleuchte* und *Westermarkelsdorf*.
φ = 54° 32,9′ N; λ = 011° 10,8′ E

**12** Durch Zeichnen eines Stromdreiecks, das in unserem Fall genau einem Stundendreieck entspricht, ergibt sich:
120° − 1,5 sm/h

**13** KüG = 089°

**14** FüG = 6,2 kn

**15** Konstruiert man ein Stromdreieck, so ergibt sich ein KdW = 080°, der noch zum MgK beschickt werden muß:

| KdW | 080° | (= rwK) |
|---|---|---|
| entg. Mw | + 02° | |
| mwK | 082° | |
| entg. Abl | − 10° | |
| MgK | 072° | |

**16** Die Distanz über Grund (DüG) beträgt 5,2 sm. Man benötigt bei einer FüG von 6,2 kn 50 min.

| Peilort um | 2009 |
|---|---|
| Fahrtzeit | +0050 |
| Tonne KO 8 um | 2059 |

# Aufgabe 9

# Lösung

**1** Der Karte entnimmt man rwK = 113,5°.
Man erhält:

| | | |
|---|---|---|
| | rwK | 113,5° |
| | entg. Mw | + 02,0° |
| | mwK | 115,5° |
| | entg. Abl | − 08,5° |
| | MgK | 107,0° |

**2**

| *LT Falshöft* | | *LT Gammel Pöl* | |
|---|---|---|---|
| SP | *056,0°* | MgP | 038,5° |
| rwK | 113,5° | Abl | + 08,5° |
| rwP | 169,5° | mwP | 047,0° |
| | | Mw | − 02,0° |
| | | rwP | 045,0° |

**3** Schiffsort um 1700:
$\varphi = 54° \ 48,8' \ N; \ \lambda = 009° \ 57,1' \ E$

**4** Distanz aus der Karte: 2,4 sm

| Zeitdifferenz | 1700 |
|---|---|
| | −1630 |
| | 0030 |

$F = D : t = 2,4 : 0,5 = \underline{\underline{4,8 \ kn}}$

**5**

| MgK | 153,5° |
|---|---|
| Abl | + 04,5° |
| mwK | 158,0° |
| Mw | − 02,0° |
| rwK | 156,0° |

**6** Zur Tonne 2, Iso. 8 s

**7** Es gilt: $F \ (kn) = \dfrac{2 \cdot Meßstrecke \ (m)}{Durchlaufzeit \ (s)}$

$= \dfrac{2 \cdot 10}{4} = \underline{\underline{5 \ kn}}$

**8** Distanz aus der Seekarte: 13,7 sm

Es gilt: $t \ (min) = \dfrac{Distanz \ (sm) \cdot 60}{Fahrt \ (kn)}$

$= \dfrac{13,7 \cdot 60}{5} = \underline{165 \ min}$

Voraussichtliche Ankunftszeit ist dann:

| Tonne *Breitgrund-S* | 1800 |
|---|---|
| Fahrtzeit | +0245 |
| Ankunftszeit | 2045 |

**9** Es handelt sich um die *Tonne 3* des *Kiel-Flensburg-Weges*.

**10** Man ermittelt den Koppelort auf dem ursprünglich abgesetzten Kurs von 156°, indem die zwischen 1800 und 1918 zurückgelegte Loggedistanz abgetragen wird. Es gilt: $D \ (sm) = F \ (kn) \cdot t \ (h)$

$D = 5 \cdot \dfrac{78}{60} = \underline{\underline{6,5 \ sm}}$

Als Koppelort für 1918 ergibt sich:
$\varphi = 54° \ 41,2' \ N; \ \lambda = 010° \ 08,4' \ E$

**11** BV = 180° − 1,9 sm

**12** Der Strom setzte 1,9 sm in 78 min.
In 1 Stunde setzte er dann etwa 1,45 sm/h. Also: 180° − 1,45 sm/h.
Diesen Wert erhält man auch durch Konstruktion eines Stundendreiecks!

**13** Man hat über Grund 8,3 sm in 78 min zurückgelegt. Für 60 min ergibt sich:
FüG = 6,4 kn
Diesen Wert erhält man auch durch Konstruktion eines Stundendreiecks!

**14** Die Fahrt durchs Wasser entspricht der anfangs geloggten Fahrt von 5 kn.

**15** KüG = 161°

**16** KdW = 156°

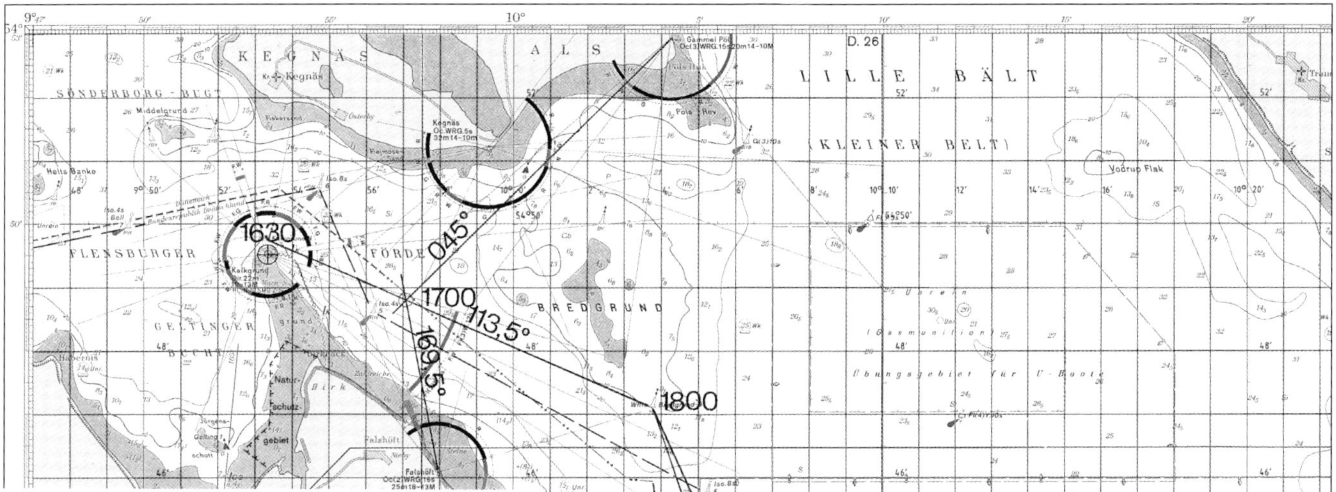

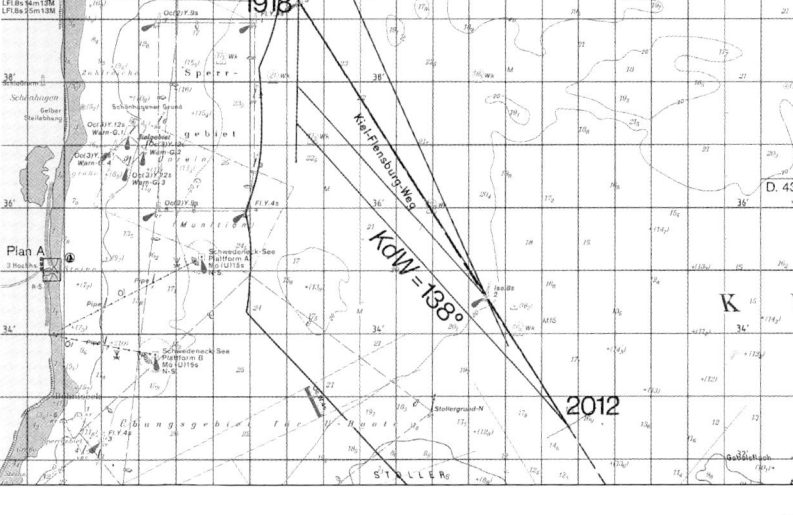

**17** Stromversetzung = +05°.

**18** Aus der Konstruktion eines Stromdreiecks ergibt sich als neuer KdW = 138°,
der beschickt werden muß:

| | |
|---|---|
| KdW | 138° |
| entg. Mw | + 02° |
| mwK | 140° |
| entg. Abl | − 06° |
| MgK | 134° |

**19** Durch Parallelverschiebung im neu
konstruierten Stromdreieck erhält man
als DdW (= Distanz durchs Wasser)
4,5 sm. Es gilt:

$$t = \frac{D\ (sm) \cdot 60}{F\ (kn)} = \frac{4,5 \cdot 60}{5} = 54\ min$$

Voraussichtliche Ankunftszeit ist dann:

| | |
|---|---|
| *Tonne 3* | 1918 |
| Fahrtzeit | +0054 |
| Ankunftszeit | 2012 |

**20** Beachte, daß nur die Distanzen durchs
Wasser, nicht aber die Distanzen über
Grund addiert werden dürfen!

| | |
|---|---|
| Loggestand Tonne *Breitgrund-S* | 17,0 |
| DdW bis *Tonne 3* | 6,5 |
| DdW bis Tonne 2 | 4,5 |
| Loggestand bei Tonne 2 | 28,0 |

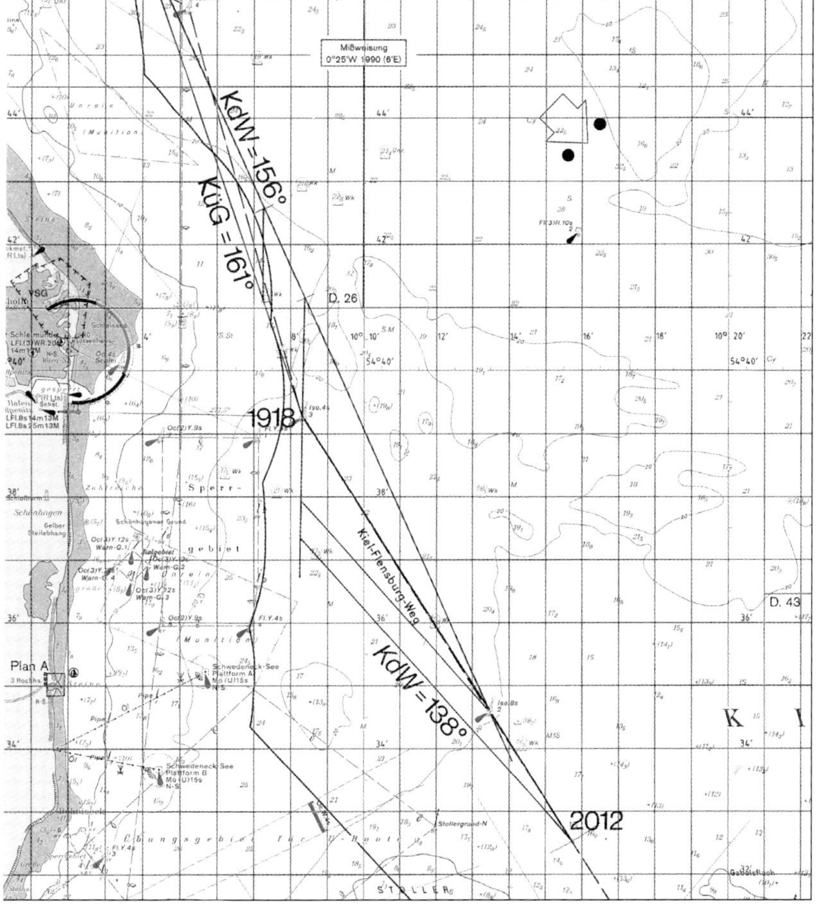

# Aufgabe 10

# Lösung

**1**

| MgK | 181° |
|---|---|
| Abl | + 02° |
| MwK | 183° |
| Mw | − 02° |
| rwK | 181° |
| BW | + 04° |
| KdW | 185° |

**2** $F \text{ (kn)} = \dfrac{D \text{ (sm)} \cdot 60}{t \text{ (min)}} = \dfrac{4 \cdot 60}{48} = \underline{\underline{5 \text{ kn}}}$

**3**

| | 1. Peilung | 2. Peilung |
|---|---|---|
| SP | 045° | 090° |
| rwK | 181° | 181° |
| rwP | 226° | 271° |

**4** Distanz zum *LT Keldsnor*: 3,7 sm.
Man ist keinesfalls die Loggedistanz von 4 sm vom Leuchtturm entfernt, denn es liegt keine Vierstrichpeilung vor! Bei einer Vierstrichpeilung müssen die Seitenpeilungen von 045° bzw. 090° auf den Kartenkurs bezogen werden, will man die Besonderheit der Vierstrichpeilung, nämlich Versegelung = Abstand zum Peilobjekt, erhalten. In unserem Fall wurde deshalb nichts anderes als eine Doppelpeilung durchgeführt, aber eben keine Verdoppelungspeilung.

**5** *Dann* müßten beide Peilungen auf den KdW mit 045° bzw. 090° bezogen werden. Sie müßten also bei 049° bzw. bei 094° durchgeführt werden. Dann würde auch gelten, daß die zwischen den Peilungen zurückgelegte Distanz gleich dem Abstand zum LT ist.

**6** $\varphi = 54° \ 43,8' \text{ N}; \ \lambda = 010° \ 49,8' \text{ E}$

**7**

| KdW | 158° |
|---|---|
| entg. BW | − 05° |
| rwK | 153° |
| entg. Mw | + 02° |
| mwK | 155° |
| entg. Abl | − 05° |
| MgK | 150° |

**8**

| | *LT Keldsnor* | *Kr. Kappel* |
|---|---|---|
| MgP | 310° | 042° |
| Abl | + 05° | + 05° |
| mwP | 315° | 047° |
| Mw | − 02° | − 02° |
| rwP | 313° | 045° |

**9** $\varphi = 54° \ 39,9' \text{ N}; \ \lambda = 010° \ 50,8' \text{ E}$

**10** BV = 298° − 1,5 sm
Den Koppelort für 1645 ermittelt man, indem man auf dem KdW 5 sm abträgt, da genau 1 Stunde seit der Kursänderung gesegelt wurde. Man erhält so also unmittelbar ein Stundendreieck.

**11** In 1 Stunde wurden genau 4 sm über Grund zurückgelegt. Also: FüG = 4 kn.

**12** KüG = 171°

**13** Strom: 298° − 1,5 sm/h

**14**

| MgK | 075° | |
|---|---|---|
| Abl | + 10° | |
| mwK | 085° | |
| Mw | − 02° | |
| rwK | 083° | |
| BW | − 05° | (nun linksdrehend) |
| KdW | 078° | |

**15** Durch Konstruktion des Stromdreiecks erhält man: KüG = 065°.

**16** Im neuen Stromdreieck erhält man ebenfalls für FüG = 4 kn.

**17** Zum Loggestand bei der Kursänderung um 1545 ist die Distanz durchs Wasser von 5 sm, nicht die Distanz über Grund von 4 sm, zu addieren. Man erhält: 37,4.

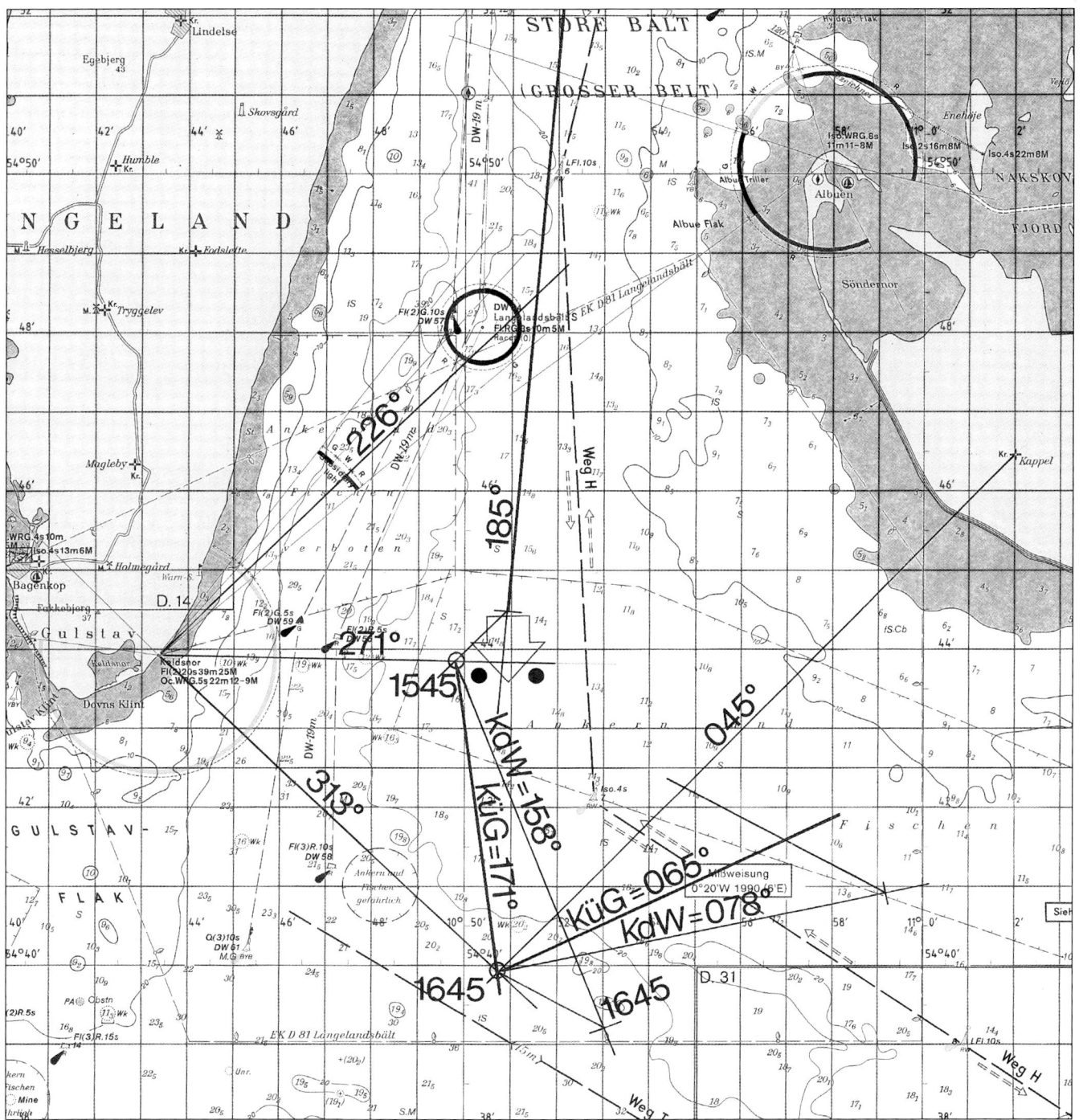

# Anhang: Auszüge aus der nautischen Literatur

### Dänische Küste — Ærø, Langeland

| Nummer<br>Int. Nr.<br>Breite: N | Name<br>Feuerträger (Höhe über Erdboden)<br>Länge: E | Kennung<br>Zeitmaße • | Wiederkehr<br>Sektoren | Nenn-Tw.<br>• | Höhe<br>Bemerkungen |
|---|---|---|---|---|---|
| 25000<br>C 1082<br>54° 49′ | Vejsnæs Nakke<br>gr. Gitterturm (9 m), auf der Huk<br>10° 26′ | Ubr. w/r/gn. 5 s<br>(1)+4 s | 7/4/4 sm | | 24 m |
| | | gn. 210°−252, w. −337, r. −352, gn. −7,<br>w. −210° | | | |
| 00100<br>C 1104<br>54° 51′ | Kegnæs (DK)<br>g., runder Turm (18 m), auf der<br>S-Huk von Alsen<br>9° 59′ | Ubr. w/r/gn. 5 s<br>(1)+4 s | 14/10/10 sm | | 32 m |
| | | r. 217°−266,5, gn. −273, w. −289,5,<br>r. −337, gn. −26, w. −44, r. −50,5,<br>gn. −75,w. −80, r. −102,5 | | | |

**Sønderborg Bugt** s. Nr. 29810

| Nummer | Name | Kennung | Wiederkehr | Nenn-Tw. | Höhe |
|---|---|---|---|---|---|
| 00200<br>C 1108<br>54° 46′ | Falshöft<br>w. Turm mit r. Band, r. Laterne<br>(24 m), S-lich der Huk<br>9° 58′ | Ubr. (2) w/r/gn. 16 s 18/14/13 (15) sm<br>(1,5)+2,5+(1,5)+10,5 s | | | 25 m |
| | | r. 142°−154° (Tw. 13 sm)<br>w.     −159,5° (Tw. 16 sm)<br>gn.     −182° (Tw. 12 sm)<br>gn.     −195° (Tw. 13 sm)<br>r.     −253° (Tw. 14 sm)<br>w.     −320,5° (Tw. 18 sm)<br>r.     −347° (Tw. 14 sm) | | | |
| 00300<br>C 1113<br>54° 50′ | Kalkgrund<br>r., runder Turm mit 2 w.<br>Bändern, 3 Galerien, flaches Dach<br>(24 m), angestrahlt<br>9° 53′ | F. w/r/gn.     19/16/15 sm<br>Blz. (2) 9 s     19 sm<br>Blz. (3) 12 s     19 sm<br>Blz. (2): 0,7+(2,3)+0,7+(5,3) s<br>Blz. (3): 0,7+(2,3)+0,7+(2,3)+0,7+(5,3) s | | | 22 m |
| | | Als F.:<br>w. 22°−70, r. −83, w. −132, gn. −158,<br>w. −164, r. −190, w. −230,<br>gn. −258, w. −265, r. −287,<br>Blz. (3) −295, F. −303,<br>Blz. (2) −314, F. r. −22° | | | |
| | | N-S. Mo. (FS) 30 s     Membransender<br>13,5+(16,5) s | | | |

**Ausschnitte aus dem Leuchtfeuer-<br>verzeichnis**

| Nummer | Name | | Kennung | Wiederkehr | Nenn-Tw. | Höhe |
|---|---|---|---|---|---|---|
| Int. Nr. | Feuerträger (Höhe über Erdboden) | | Zeitmaße | ● Sektoren | ● | Bemerkungen |
| | Breite: N | Länge: E | | | | |

| | | | | | | |
|---|---|---|---|---|---|---|
| 01700 | **Schleimünde, N-Mole, Kopf** | | **Blk. (3) w/r. 20 s** | **6—14 sm** | | **14 m** |
| C 1186 | w., runder Turm mit s. Band (14 m), angestrahlt, S-lich vom w. Wärter- und Lotsengebäude | | 2+(3)+2+(3)+2+(8) s | | | |
| | | | r. 144,5°−201 (Tw. 10 sm), | | | |
| | | | w. −275 (Tw. 14 sm), | | | |
| | | | w. −296 (Tw. 12 sm), | | | |
| | 54° 40′ | 10° 02′ | r. −6 (Tw. 10 sm), | | | |
| | | | w. −100° (Tw. 6 sm) | | | |
| | | | **N-S. Mo. (SN) 30 s** | Membransender | | |
| | | | 13+(17) s | | | |
| | | | | | | |
| 01740 | **— Unterfeuer** | | **Ubr. 4 s** | **9 sm** | | **6 m** |
| C 1188 | w. Pfahl (5 m), neben der Dampferbrücke | | (0,5)+3,5 s | | | |
| | 54° 40′ | 10° 02′ | Rcht-F-L. 107,5° | Gleichgängig | | |
| | | | 40°−175° | | | |
| | | | | | | |
| 01741 | **— Oberfeuer** | | **Ubr. 4 s** | **9 sm** | | **8 m** |
| C 1188.1 | w. Mast (6 m), 90 m vom U-F. | | (0,5)+3,5 s | | | |
| | | | | | | |
| 02400 | **Kiel, Leuchtturm** | | **Glt. w/r/gn. 6 s** | **18/15/14 (15) sm** | | **29 m** |
| C 1215 | r., runder Turm mit w. Band (33 m), auf einem etwa 50 m nach S und W verlaufenden gr. Unterbau, angestrahlt | | w. 148,5°−220, r. −246,5, w. −295, r. −358, w. −25,5, gn. −56, r. 71−88, w. −91,3, gn. −148,5° | | | |
| | 54° 30′ | 10° 16′ | **N-S. Mo. (KI) 30 s** | Membransender | | |
| | | | 15+(15) s | Tonhöhe 300 | | |
| | | | | | | |
| 02600 | **Bülk** | | **Blz. w/r/gn. 3 s** | **14/11/10 sm** | | **29 m** |
| C 1216 | w. Turm mit s. Band und 2 Galerien (25 m), Wärterhaus auf der Huk | | 0,7+(2,3) s | | | |
| | | | w. 127°−146, r. −213, gn. −228, | | | |
| | 54° 27′ | 10° 12′ | w. −235,5, r. −238,5, w. −262, gn. −43° | | | |

Die beim Namen des Feuerträgers angegebene **Höhe über dem Erdboden** ist bei Leuchttürmen die Höhe des Dachfirstes, bei Leuchtbaken die Höhe des Toppzeichens über dem Erdboden.

Die in der letzten Spalte angegebene **Höhe des Leuchtfeuers** ist die Höhe der Lichtquelle in Gezeitengewässern über mittlerem Hochwasser, in der Ostsee über mittlerem Wasserstand.

**Richtungsangaben** der einzelnen Sektoren eines Feuers sind stets rechtsherum zählend und von See bzw. vom Schiff aus angegeben.

| Ab-stand sm | Höhe in Metern | | | | | | | | | | | | | | |
|---|---|---|---|---|---|---|---|---|---|---|---|---|---|---|---|
| | 2 | 4 | 6 | 8 | 10 | 12 | 14 | 16 | 18 | 20 | 22 | 24 | 26 | 28 | 30 |
| 0,5 | 7,4 | 14,8 | 22,3 | 29,7 | 37,1 | 44,5 | 52,0 | 59,4 | 66,8 | 74 | 81 | 89 | 97 | 104 | 111 |
| 1,0 | 3,7 | 7,4 | 11,1 | 14,8 | 18,6 | 22,3 | 26,0 | 29,7 | 33,4 | 37 | 41 | 45 | 48 | 52 | 56 |
| 1,5 | 2,5 | 4,9 | 7,4 | 9,9 | 12,4 | 14,8 | 17,3 | 19,8 | 22,3 | 25 | 27 | 30 | 32 | 35 | 37 |
| 2,0 | 1,9 | 3,7 | 5,6 | 7,4 | 9,3 | 11,1 | 13,0 | 14,8 | 16,7 | 19 | 20 | 22 | 24 | 26 | 28 |
| 2,5 | 1,5 | 3,0 | 4,5 | 5,9 | 7,4 | 8,9 | 10,4 | 11,9 | 13,4 | 14,8 | 16,3 | 17,8 | 19,3 | 20,8 | 22,3 |
| 3,0 | 1,2 | 2,5 | 3,7 | 4,9 | 6,2 | 7,4 | 8,7 | 9,9 | 11,1 | 12,4 | 13,6 | 14,8 | 16,1 | 17,3 | 18,6 |
| 3,5 | 1,1 | 2,1 | 3,2 | 4,2 | 5,3 | 6,4 | 7,4 | 8,5 | 9,5 | 10,6 | 11,7 | 12,7 | 13,8 | 14,8 | 15,9 |
| 4,0 | 0,9 | 1,9 | 2,8 | 3,7 | 4,6 | 5,6 | 6,5 | 7,4 | 8,4 | 9,3 | 10,2 | 11,1 | 12,1 | 13,0 | 13,9 |
| 4,5 | 0,8 | 1,7 | 2,5 | 3,3 | 4,1 | 5,0 | 5,8 | 6,6 | 7,4 | 8,3 | 9,1 | 9,9 | 10,7 | 11,6 | 12,4 |
| 5,0 | 0,7 | 1,5 | 2,2 | 3,0 | 3,7 | 4,4 | 5,2 | 5,9 | 6,7 | 7,4 | 8,2 | 8,9 | 9,7 | 10,4 | 11,1 |
| 5,5 | 0,7 | 1,4 | 2,0 | 2,7 | 3,4 | 4,1 | 4,7 | 5,4 | 6,1 | 6,8 | 7,4 | 8,1 | 8,8 | 9,5 | 10,1 |
| 6,0 | 0,6 | 1,2 | 1,9 | 2,5 | 3,1 | 3,7 | 4,3 | 4,9 | 5,6 | 6,2 | 6,8 | 7,4 | 8,0 | 8,7 | 9,3 |
| 6,5 | 0,6 | 1,1 | 1,7 | 2,3 | 2,9 | 3,4 | 4,0 | 4,6 | 5,1 | 5,7 | 6,3 | 6,9 | 7,4 | 8,0 | 8,6 |
| 7,0 | 0,5 | 1,1 | 1,6 | 2,1 | 2,7 | 3,2 | 3,7 | 4,2 | 4,8 | 5,3 | 5,8 | 6,4 | 6,9 | 7,4 | 8,0 |
| 7,5 | 0,5 | 1,0 | 1,5 | 2,0 | 2,5 | 3,0 | 3,5 | 4,0 | 4,5 | 5,0 | 5,4 | 5,9 | 6,4 | 6,9 | 7,4 |
| 8,0 | 0,5 | 0,9 | 1,4 | 1,9 | 2,3 | 2,8 | 3,2 | 3,7 | 4,2 | 4,6 | 5,1 | 5,6 | 6,0 | 6,5 | 7,0 |
| 9,0 | 0,4 | 0,8 | 1,2 | 1,7 | 2,1 | 2,5 | 2,9 | 3,3 | 3,7 | 4,1 | 4,5 | 5,0 | 5,4 | 5,8 | 6,2 |
| 10,0 | 0,4 | 0,7 | 1,1 | 1,5 | 1,9 | 2,2 | 2,6 | 3,0 | 3,3 | 3,7 | 4,1 | 4,5 | 4,8 | 5,2 | 5,6 |

| Ab-stand sm | Höhe in Metern | | | | | | | | | | | | | | |
|---|---|---|---|---|---|---|---|---|---|---|---|---|---|---|---|
| | 32 | 34 | 36 | 38 | 40 | 42 | 44 | 46 | 48 | 50 | 52 | 54 | 56 | 58 | 60 |
| 0,5 | 119 | 126 | 134 | 141 | 148 | 156 | 163 | 171 | 178 | 186 | 193 | 200 | 208 | 215 | 223 |
| 1,0 | 59 | 63 | 67 | 71 | 74 | 78 | 82 | 85 | 89 | 93 | 97 | 100 | 104 | 108 | 111 |
| 1,5 | 40 | 42 | 45 | 47 | 49 | 52 | 54 | 57 | 59 | 62 | 64 | 67 | 69 | 72 | 74 |
| 2,0 | 30 | 32 | 33 | 35 | 37 | 39 | 41 | 43 | 45 | 46 | 48 | 50 | 52 | 54 | 56 |
| 2,5 | 24 | 25 | 27 | 28 | 30 | 31 | 33 | 34 | 36 | 37 | 39 | 40 | 42 | 43 | 45 |
| 3,0 | 20 | 21 | 22 | 23 | 25 | 26 | 27 | 28 | 30 | 31 | 32 | 33 | 35 | 36 | 37 |
| 3,5 | 17,0 | 18,0 | 19,1 | 20,2 | 21,2 | 22,3 | 23,3 | 24,4 | 25,5 | 26,5 | 27,6 | 28,6 | 29,7 | 30,8 | 31,8 |
| 4,0 | 14,8 | 15,8 | 16,7 | 17,6 | 18,6 | 19,5 | 20,4 | 21,3 | 22,3 | 23,2 | 24,1 | 25,1 | 26,0 | 26,9 | 27,8 |
| 4,5 | 13,2 | 14,0 | 14,9 | 15,7 | 16,5 | 17,3 | 18,2 | 19,0 | 19,8 | 20,6 | 21,5 | 22,3 | 23,1 | 23,9 | 24,8 |
| 5,0 | 11,9 | 12,6 | 13,4 | 14,1 | 14,9 | 15,6 | 16,3 | 17,1 | 17,8 | 18,6 | 19,3 | 20,0 | 20,8 | 21,5 | 22,3 |
| 5,5 | 10,8 | 11,5 | 12,2 | 12,8 | 13,5 | 14,2 | 14,9 | 15,5 | 16,2 | 16,9 | 17,6 | 18,2 | 18,9 | 19,6 | 20,3 |
| 6,0 | 9,9 | 10,5 | 11,1 | 11,8 | 12,4 | 13,0 | 13,6 | 14,3 | 14,8 | 15,5 | 16,1 | 16,7 | 17,3 | 17,9 | 18,6 |
| 6,5 | 9,1 | 9,7 | 10,3 | 10,9 | 11,4 | 12,0 | 12,6 | 13,1 | 13,7 | 14,3 | 14,9 | 15,4 | 16,0 | 16,6 | 17,1 |
| 7,0 | 8,5 | 9,0 | 9,5 | 10,1 | 10,6 | 11,1 | 11,7 | 12,2 | 12,7 | 13,3 | 13,8 | 14,3 | 14,9 | 15,4 | 15,9 |
| 7,5 | 7,9 | 8,4 | 8,9 | 9,4 | 9,9 | 10,4 | 10,9 | 11,4 | 11,9 | 12,4 | 12,9 | 13,4 | 13,9 | 14,4 | 14,9 |
| 8,0 | 7,4 | 7,9 | 8,4 | 8,8 | 9,3 | 9,7 | 10,2 | 10,7 | 11,1 | 11,6 | 12,1 | 12,5 | 13,0 | 13,5 | 13,9 |
| 9,0 | 6,6 | 7,0 | 7,4 | 7,8 | 8,3 | 8,7 | 9,1 | 9,5 | 9,9 | 10,3 | 10,7 | 11,1 | 11,6 | 12,0 | 12,4 |
| 10,0 | 5,9 | 6,3 | 6,7 | 7,1 | 7,4 | 7,8 | 8,2 | 8,5 | 8,9 | 9,3 | 9,7 | 10,0 | 10,4 | 10,8 | 11,1 |

| Ab-stand sm | Höhe in Metern | | | | | | | | | | | | | | |
|---|---|---|---|---|---|---|---|---|---|---|---|---|---|---|---|
| | 62 | 64 | 66 | 68 | 70 | 72 | 74 | 76 | 78 | 80 | 82 | 84 | 86 | 88 | 90 |
| 0,5 | 230 | 238 | 245 | 252 | 260 | 267 | 275 | 282 | 290 | 297 | 304 | 312 | 319 | 327 | 334 |
| 1,0 | 115 | 119 | 123 | 126 | 130 | 134 | 137 | 141 | 145 | 148 | 152 | 156 | 160 | 163 | 167 |
| 1,5 | 77 | 79 | 82 | 84 | 87 | 89 | 92 | 94 | 97 | 99 | 101 | 104 | 106 | 109 | 111 |
| 2,0 | 58 | 59 | 61 | 63 | 65 | 67 | 69 | 71 | 72 | 74 | 76 | 78 | 80 | 82 | 84 |
| 2,5 | 46 | 48 | 49 | 50 | 52 | 53 | 55 | 56 | 58 | 59 | 61 | 62 | 64 | 65 | 67 |
| 3,0 | 38 | 40 | 41 | 42 | 43 | 44 | 46 | 47 | 48 | 49 | 51 | 52 | 53 | 54 | 56 |
| 3,5 | 33 | 34 | 35 | 36 | 37 | 38 | 39 | 40 | 41 | 42 | 43 | 44 | 46 | 47 | 48 |
| 4,0 | 29 | 30 | 31 | 32 | 33 | 33 | 34 | 35 | 36 | 37 | 38 | 39 | 40 | 41 | 42 |
| 4,5 | 26 | 26 | 27 | 28 | 29 | 30 | 30 | 31 | 32 | 33 | 34 | 35 | 36 | 36 | 37 |
| 5,0 | 23,0 | 23,8 | 24,5 | 25,2 | 26,0 | 26,7 | 27,5 | 28,2 | 29,0 | 29,7 | 30,4 | 31,2 | 31,9 | 32,7 | 33,4 |
| 5,5 | 20,9 | 21,6 | 22,3 | 23,0 | 23,6 | 24,3 | 25,0 | 25,7 | 26,3 | 27,0 | 27,7 | 28,4 | 29,0 | 29,7 | 30,4 |
| 6,0 | 19,2 | 19,8 | 20,4 | 21,0 | 21,7 | 22,3 | 22,9 | 23,5 | 24,1 | 24,7 | 25,4 | 26,0 | 26,6 | 27,2 | 27,8 |
| 6,5 | 17,7 | 18,3 | 18,8 | 19,4 | 20,0 | 20,6 | 21,1 | 21,7 | 22,3 | 22,8 | 23,4 | 24,0 | 24,6 | 25,1 | 25,7 |
| 7,0 | 16,4 | 17,0 | 17,5 | 18,0 | 18,6 | 19,1 | 19,6 | 20,2 | 20,7 | 21,2 | 21,7 | 22,3 | 22,8 | 23,3 | 23,9 |
| 7,5 | 15,3 | 15,8 | 16,3 | 16,8 | 17,3 | 17,8 | 18,3 | 18,8 | 19,3 | 19,8 | 20,3 | 20,8 | 21,3 | 21,8 | 22,3 |
| 8,0 | 14,4 | 14,8 | 15,3 | 15,8 | 16,2 | 16,7 | 17,2 | 17,6 | 18,1 | 18,6 | 19,0 | 19,5 | 20,0 | 20,4 | 20,9 |
| 9,0 | 12,8 | 13,2 | 13,6 | 14,0 | 14,4 | 14,9 | 15,3 | 15,7 | 16,1 | 16,5 | 16,9 | 17,3 | 17,7 | 18,2 | 18,6 |
| 10,0 | 11,5 | 11,9 | 12,3 | 12,6 | 13,0 | 13,4 | 13,7 | 14,1 | 14,5 | 14,8 | 15,2 | 15,6 | 16,0 | 16,3 | 16,7 |

Ausschnitt aus
Fulst, Nautische Tafeln

## Abstand eines Feuers in der Kimm (Sichtweite)
## in Seemeilen

| Feuer-höhe in Meter | Augenhöhe in Meter | | | | | | | | | | | |
|---|---|---|---|---|---|---|---|---|---|---|---|---|
| | 0 | 1 | 2 | 3 | 4 | 5 | 6 | 7 | 8 | 9 | 10 | 11 |
| 2 | 2,9 | 5,0 | 5,9 | 6,5 | 7,1 | 7,6 | 8,0 | 8,4 | 8,8 | 9,1 | 9,5 | 9,8 |
| 4 | 4,1 | 6,2 | 7,1 | 7,7 | 8,3 | 8,8 | 9,2 | 9,6 | 10,0 | 10,4 | 10,7 | 11,0 |
| 6 | 5,1 | 7,1 | 8,0 | 8,7 | 9,2 | 9,7 | 10,1 | 10,5 | 10,9 | 11,3 | 11,6 | 11,9 |
| 8 | 5,9 | 7,9 | 8,8 | 9,4 | 10,0 | 10,5 | 10,9 | 11,3 | 11,7 | 12,1 | 12,4 | 12,7 |
| 10 | 6,5 | 8,6 | 9,5 | 10,1 | 10,7 | 11,2 | 11,6 | 12,0 | 12,4 | 12,8 | 13,1 | 13,4 |
| 12 | 7,2 | 9,2 | 10,1 | 10,8 | 11,3 | 11,8 | 12,2 | 12,6 | 13,0 | 13,4 | 13,7 | 14,0 |
| 14 | 7,7 | 9,8 | 10,7 | 11,3 | 11,9 | 12,4 | 12,8 | 13,2 | 13,6 | 14,0 | 14,3 | 14,6 |
| 16 | 8,3 | 10,4 | 11,2 | 11,9 | 12,4 | 12,9 | 13,3 | 13,8 | 14,1 | 14,5 | 14,8 | 15,1 |
| 18 | 8,8 | 10,9 | 11,7 | 12,4 | 12,9 | 13,4 | 13,9 | 14,3 | 14,6 | 15,0 | 15,3 | 15,6 |
| 20 | 9,3 | 11,3 | 12,2 | 12,8 | 13,4 | 13,9 | 14,3 | 14,7 | 15,1 | 15,5 | 15,8 | 16,1 |
| 22 | 9,7 | 11,8 | 12,6 | 13,3 | 13,8 | 14,3 | 14,8 | 15,2 | 15,6 | 15,9 | 16,3 | 16,6 |
| 24 | 10,1 | 12,2 | 13,1 | 13,7 | 14,3 | 14,8 | 15,2 | 15,6 | 16,0 | 16,4 | 16,7 | 17,0 |
| 26 | 10,6 | 12,6 | 13,5 | 14,1 | 14,7 | 15,2 | 15,6 | 16,0 | 16,4 | 16,8 | 17,1 | 17,4 |
| 28 | 11,0 | 13,0 | 13,9 | 14,5 | 15,1 | 15,6 | 16,0 | 16,4 | 16,8 | 17,2 | 17,5 | 17,8 |
| 30 | 11,3 | 13,4 | 14,3 | 14,9 | 15,5 | 16,0 | 16,4 | 16,8 | 17,2 | 17,5 | 17,9 | 18,2 |
| 32 | 11,7 | 13,8 | 14,6 | 15,3 | 15,8 | 16,3 | 16,8 | 17,2 | 17,6 | 17,9 | 18,3 | 18,6 |
| 34 | 12,1 | 14,1 | 15,0 | 15,7 | 16,2 | 16,7 | 17,1 | 17,5 | 17,9 | 18,3 | 18,6 | 18,9 |
| 36 | 12,4 | 14,5 | 15,3 | 16,0 | 16,6 | 17,0 | 17,5 | 17,9 | 18,3 | 18,6 | 19,0 | 19,3 |
| 38 | 12,8 | 14,8 | 15,7 | 16,3 | 16,9 | 17,4 | 17,8 | 18,2 | 18,6 | 19,0 | 19,3 | 19,6 |
| 40 | 13,1 | 15,2 | 16,0 | 16,7 | 17,2 | 17,7 | 18,2 | 18,6 | 18,9 | 19,3 | 19,6 | 20,0 |
| 42 | 13,4 | 15,5 | 16,3 | 17,0 | 17,6 | 18,0 | 18,5 | 18,9 | 19,3 | 19,6 | 20,0 | 20,3 |
| 44 | 13,7 | 15,8 | 16,7 | 17,3 | 17,9 | 18,4 | 18,8 | 19,2 | 19,6 | 19,9 | 20,3 | 20,6 |
| 46 | 14,0 | 16,1 | 17,0 | 17,6 | 18,2 | 18,7 | 19,1 | 19,5 | 19,9 | 20,2 | 20,6 | 20,9 |
| 48 | 14,3 | 16,4 | 17,3 | 17,9 | 18,5 | 19,0 | 19,4 | 19,8 | 20,2 | 20,6 | 20,9 | 21,2 |
| 50 | 14,6 | 16,7 | 17,6 | 18,2 | 18,8 | 19,3 | 19,7 | 20,1 | 20,5 | 20,8 | 21,2 | 21,5 |
| 55 | 15,4 | 17,4 | 18,3 | 18,9 | 19,5 | 20,0 | 20,4 | 20,8 | 21,2 | 21,6 | 21,9 | 22,2 |
| 60 | 16,0 | 18,1 | 19,0 | 19,6 | 20,2 | 20,7 | 21,1 | 21,5 | 21,9 | 22,2 | 22,6 | 22,9 |
| 65 | 16,7 | 18,8 | 19,6 | 20,3 | 20,8 | 21,3 | 21,8 | 22,2 | 22,5 | 22,9 | 23,2 | 23,6 |
| 70 | 17,3 | 19,4 | 20,2 | 20,9 | 21,5 | 21,9 | 22,4 | 22,8 | 23,2 | 23,5 | 23,9 | 24,2 |
| 75 | 17,9 | 20,0 | 20,9 | 21,5 | 22,1 | 22,6 | 23,0 | 23,4 | 23,8 | 24,1 | 24,5 | 24,8 |
| 80 | 18,5 | 20,6 | 21,4 | 22,1 | 22,7 | 23,1 | 23,6 | 24,0 | 24,4 | 24,7 | 25,1 | 25,4 |
| 85 | 19,1 | 21,2 | 22,0 | 22,7 | 23,2 | 23,7 | 24,2 | 24,6 | 24,9 | 25,3 | 25,6 | 26,0 |
| 90 | 19,6 | 21,7 | 22,6 | 23,2 | 23,8 | 24,3 | 24,7 | 25,1 | 25,5 | 25,8 | 26,2 | 26,5 |
| 95 | 20,2 | 22,2 | 23,1 | 23,8 | 24,3 | 24,8 | 25,2 | 25,7 | 26,0 | 26,4 | 26,7 | 27,0 |
| 100 | 20,7 | 22,8 | 23,6 | 24,3 | 24,8 | 25,3 | 25,8 | 26,2 | 26,6 | 26,9 | 27,2 | 27,6 |
| 110 | 21,7 | 23,8 | 24,6 | 25,3 | 25,9 | 26,3 | 26,8 | 27,2 | 27,6 | 27,9 | 28,3 | 28,6 |
| 120 | 22,7 | 24,7 | 25,6 | 26,3 | 26,8 | 27,3 | 27,7 | 28,2 | 28,5 | 28,9 | 29,2 | 29,5 |
| 130 | 23,6 | 25,7 | 26,5 | 27,2 | 27,7 | 28,2 | 28,7 | 29,1 | 29,5 | 29,8 | 30,1 | 30,5 |
| 140 | 24,5 | 26,6 | 27,4 | 28,1 | 28,6 | 29,1 | 29,6 | 30,0 | 30,3 | 30,7 | 31,0 | 31,4 |
| 150 | 25,4 | 27,4 | 28,3 | 28,9 | 29,5 | 30,0 | 30,4 | 30,8 | 31,2 | 31,6 | 31,9 | 32,2 |
| 160 | 26,2 | 28,3 | 29,1 | 29,8 | 30,3 | 30,8 | 31,3 | 31,7 | 32,0 | 32,4 | 32,7 | 33,0 |
| 170 | 27,0 | 29,1 | 29,9 | 30,6 | 31,1 | 31,6 | 32,1 | 32,5 | 32,8 | 33,2 | 33,5 | 33,9 |
| 180 | 27,8 | 29,8 | 30,7 | 31,4 | 31,9 | 32,4 | 32,8 | 33,2 | 33,6 | 34,0 | 34,3 | 34,6 |
| 190 | 28,5 | 30,6 | 31,5 | 32,1 | 32,7 | 33,2 | 33,6 | 34,0 | 34,4 | 34,7 | 35,1 | 35,4 |
| 200 | 29,3 | 31,3 | 32,2 | 32,9 | 33,4 | 33,9 | 34,3 | 34,8 | 35,1 | 35,5 | 35,8 | 36,1 |

**Ausschnitt aus dem
Leuchtfeuerverzeichnis**

| Minuten | FAHRT IN KNOTEN | | | | | | | | | | | | | | | | | | | |
|---|---|---|---|---|---|---|---|---|---|---|---|---|---|---|---|---|---|---|---|---|
| | 0,5 | 1 | 1,5 | 2 | 2,5 | 3 | 3,5 | 4 | 4,5 | 5 | 5,5 | 6 | 6,5 | 7 | 7,5 | 8 | 8,5 | 9 | 9,5 | 10 |
| 1 | 0,0 | 0,0 | 0,0 | 0,0 | 0,0 | 0,1 | 0,1 | 0,1 | 0,1 | 0,1 | 0,1 | 0,1 | 0,1 | 0,1 | 0,1 | 0,1 | 0,1 | 0,2 | 0,2 | 0,2 |
| 2 | 0,0 | 0,0 | 0,1 | 0,1 | 0,1 | 0,1 | 0,1 | 0,1 | 0,1 | 0,2 | 0,2 | 0,2 | 0,2 | 0,2 | 0,3 | 0,3 | 0,3 | 0,3 | 0,3 | 0,3 |
| 3 | 0,0 | 0,1 | 0,1 | 0,1 | 0,1 | 0,2 | 0,2 | 0,2 | 0,2 | 0,3 | 0,3 | 0,3 | 0,3 | 0,4 | 0,4 | 0,4 | 0,4 | 0,5 | 0,5 | 0,5 |
| 4 | 0,0 | 0,1 | 0,1 | 0,1 | 0,2 | 0,2 | 0,2 | 0,3 | 0,3 | 0,3 | 0,4 | 0,4 | 0,4 | 0,5 | 0,5 | 0,5 | 0,6 | 0,6 | 0,6 | 0,7 |
| 5 | 0,0 | 0,1 | 0,1 | 0,2 | 0,2 | 0,3 | 0,3 | 0,3 | 0,4 | 0,4 | 0,5 | 0,5 | 0,6 | 0,6 | 0,7 | 0,7 | 0,7 | 0,8 | 0,8 | 0,8 |
| 6 | 0,1 | 0,1 | 0,2 | 0,2 | 0,3 | 0,3 | 0,4 | 0,4 | 0,5 | 0,5 | 0,6 | 0,6 | 0,7 | 0,7 | 0,8 | 0,8 | 0,9 | 0,9 | 1,0 | 1,0 |
| 7 | 0,1 | 0,1 | 0,2 | 0,2 | 0,3 | 0,4 | 0,4 | 0,5 | 0,5 | 0,6 | 0,6 | 0,7 | 0,8 | 0,8 | 0,9 | 0,9 | 1,0 | 1,1 | 1,1 | 1,2 |
| 8 | 0,1 | 0,1 | 0,2 | 0,3 | 0,3 | 0,4 | 0,5 | 0,5 | 0,6 | 0,7 | 0,7 | 0,8 | 0,9 | 0,9 | 1,0 | 1,1 | 1,1 | 1,2 | 1,3 | 1,3 |
| 9 | 0,1 | 0,2 | 0,2 | 0,3 | 0,4 | 0,5 | 0,5 | 0,6 | 0,7 | 0,8 | 0,8 | 0,9 | 1,0 | 1,1 | 1,1 | 1,2 | 1,3 | 1,4 | 1,4 | 1,5 |
| 10 | 0,1 | 0,2 | 0,3 | 0,3 | 0,4 | 0,5 | 0,6 | 0,7 | 0,8 | 0,8 | 0,9 | 1,0 | 1,1 | 1,2 | 1,3 | 1,3 | 1,4 | 1,5 | 1,6 | 1,7 |
| 11 | 0,1 | 0,2 | 0,3 | 0,4 | 0,5 | 0,6 | 0,6 | 0,7 | 0,8 | 0,9 | 1,0 | 1,1 | 1,2 | 1,3 | 1,4 | 1,5 | 1,6 | 1,7 | 1,7 | 1,8 |
| 12 | 0,1 | 0,2 | 0,3 | 0,4 | 0,5 | 0,6 | 0,7 | 0,8 | 0,9 | 1,0 | 1,1 | 1,2 | 1,3 | 1,4 | 1,5 | 1,6 | 1,7 | 1,8 | 1,9 | 2,0 |
| 13 | 0,1 | 0,2 | 0,3 | 0,4 | 0,5 | 0,7 | 0,8 | 0,9 | 1,0 | 1,1 | 1,2 | 1,3 | 1,4 | 1,5 | 1,6 | 1,7 | 1,8 | 2,0 | 2,1 | 2,2 |
| 14 | 0,1 | 0,2 | 0,4 | 0,5 | 0,6 | 0,7 | 0,8 | 0,9 | 1,1 | 1,2 | 1,3 | 1,4 | 1,5 | 1,6 | 1,8 | 1,9 | 2,0 | 2,1 | 2,2 | 2,3 |
| 15 | 0,1 | 0,2 | 0,4 | 0,5 | 0,6 | 0,8 | 0,9 | 1,0 | 1,1 | 1,3 | 1,4 | 1,5 | 1,6 | 1,8 | 1,9 | 2,0 | 2,1 | 2,3 | 2,4 | 2,5 |
| 16 | 0,1 | 0,3 | 0,4 | 0,5 | 0,7 | 0,8 | 0,9 | 1,1 | 1,2 | 1,3 | 1,5 | 1,6 | 1,7 | 1,9 | 2,0 | 2,1 | 2,3 | 2,4 | 2,5 | 2,7 |
| 17 | 0,1 | 0,3 | 0,4 | 0,6 | 0,7 | 0,9 | 1,0 | 1,1 | 1,3 | 1,4 | 1,6 | 1,7 | 1,9 | 2,0 | 2,1 | 2,3 | 2,4 | 2,6 | 2,7 | 2,8 |
| 18 | 0,2 | 0,3 | 0,5 | 0,6 | 0,8 | 0,9 | 1,1 | 1,2 | 1,4 | 1,5 | 1,7 | 1,8 | 2,0 | 2,1 | 2,3 | 2,4 | 2,6 | 2,7 | 2,8 | 3,0 |
| 19 | 0,2 | 0,3 | 0,5 | 0,6 | 0,8 | 1,0 | 1,1 | 1,3 | 1,4 | 1,6 | 1,8 | 1,9 | 2,1 | 2,2 | 2,4 | 2,5 | 2,7 | 2,9 | 3,0 | 3,2 |
| 20 | 0,2 | 0,3 | 0,5 | 0,7 | 0,8 | 1,0 | 1,2 | 1,3 | 1,5 | 1,7 | 1,8 | 2,0 | 2,2 | 2,3 | 2,5 | 2,7 | 2,8 | 3,0 | 3,2 | 3,3 |
| 21 | 0,2 | 0,3 | 0,5 | 0,7 | 0,9 | 1,1 | 1,2 | 1,4 | 1,6 | 1,8 | 1,9 | 2,1 | 2,3 | 2,5 | 2,6 | 2,8 | 3,0 | 3,2 | 3,3 | 3,5 |
| 22 | 0,2 | 0,4 | 0,6 | 0,7 | 0,9 | 1,1 | 1,3 | 1,5 | 1,7 | 1,9 | 2,0 | 2,2 | 2,4 | 2,6 | 2,8 | 2,9 | 3,1 | 3,3 | 3,5 | 3,7 |
| 23 | 0,2 | 0,4 | 0,6 | 0,8 | 1,0 | 1,2 | 1,4 | 1,5 | 1,7 | 1,9 | 2,1 | 2,3 | 2,5 | 2,7 | 2,9 | 3,1 | 3,3 | 3,5 | 3,6 | 3,8 |
| 24 | 0,2 | 0,4 | 0,6 | 0,8 | 1,0 | 1,2 | 1,4 | 1,6 | 1,8 | 2,0 | 2,2 | 2,4 | 2,6 | 2,8 | 3,0 | 3,2 | 3,4 | 3,6 | 3,8 | 4,0 |
| 25 | 0,2 | 0,4 | 0,6 | 0,8 | 1,1 | 1,3 | 1,5 | 1,7 | 1,9 | 2,1 | 2,3 | 2,5 | 2,7 | 2,9 | 3,1 | 3,3 | 3,5 | 3,8 | 3,9 | 4,2 |
| 26 | 0,2 | 0,4 | 0,7 | 0,9 | 1,1 | 1,3 | 1,5 | 1,7 | 2,0 | 2,2 | 2,4 | 2,6 | 2,8 | 3,1 | 3,3 | 3,5 | 3,7 | 3,9 | 4,1 | 4,3 |
| 27 | 0,2 | 0,4 | 0,7 | 0,9 | 1,1 | 1,4 | 1,6 | 1,8 | 2,0 | 2,3 | 2,5 | 2,7 | 2,9 | 3,2 | 3,4 | 3,6 | 3,8 | 4,1 | 4,3 | 4,5 |
| 28 | 0,2 | 0,5 | 0,7 | 0,9 | 1,2 | 1,4 | 1,6 | 1,9 | 2,1 | 2,4 | 2,6 | 2,8 | 3,1 | 3,3 | 3,5 | 3,7 | 4,0 | 4,2 | 4,4 | 4,7 |
| 29 | 0,2 | 0,5 | 0,7 | 1,0 | 1,2 | 1,5 | 1,7 | 1,9 | 2,2 | 2,4 | 2,7 | 2,9 | 3,2 | 3,4 | 3,6 | 3,9 | 4,1 | 4,4 | 4,6 | 4,8 |
| 30 | 0,3 | 0,5 | 0,8 | 1,0 | 1,3 | 1,5 | 1,8 | 2,0 | 2,3 | 2,5 | 2,8 | 3,0 | 3,3 | 3,5 | 3,8 | 4,0 | 4,3 | 4,5 | 4,8 | 5,0 |
| 31 | 0,3 | 0,5 | 0,8 | 1,0 | 1,3 | 1,6 | 1,8 | 2,1 | 2,3 | 2,6 | 2,9 | 3,1 | 3,4 | 3,6 | 3,9 | 4,1 | 4,4 | 4,7 | 4,9 | 5,2 |
| 32 | 0,3 | 0,5 | 0,8 | 1,1 | 1,3 | 1,6 | 1,9 | 2,2 | 2,4 | 2,7 | 3,0 | 3,2 | 3,5 | 3,8 | 4,0 | 4,3 | 4,5 | 4,8 | 5,1 | 5,3 |
| 33 | 0,3 | 0,5 | 0,8 | 1,1 | 1,4 | 1,7 | 1,9 | 2,2 | 2,5 | 2,8 | 3,1 | 3,3 | 3,6 | 3,9 | 4,1 | 4,4 | 4,7 | 5,0 | 5,2 | 5,5 |
| 34 | 0,3 | 0,6 | 0,9 | 1,1 | 1,4 | 1,7 | 2,0 | 2,3 | 2,6 | 2,9 | 3,1 | 3,4 | 3,7 | 4,0 | 4,3 | 4,5 | 4,8 | 5,1 | 5,4 | 5,7 |
| 35 | 0,3 | 0,6 | 0,9 | 1,2 | 1,5 | 1,8 | 2,1 | 2,4 | 2,6 | 2,9 | 3,2 | 3,5 | 3,8 | 4,1 | 4,4 | 4,7 | 5,0 | 5,3 | 5,5 | 5,8 |
| 36 | 0,3 | 0,6 | 0,9 | 1,2 | 1,5 | 1,8 | 2,1 | 2,4 | 2,7 | 3,0 | 3,3 | 3,6 | 3,9 | 4,2 | 4,5 | 4,8 | 5,1 | 5,4 | 5,7 | 6,0 |
| 37 | 0,3 | 0,6 | 0,9 | 1,2 | 1,6 | 1,9 | 2,2 | 2,5 | 2,8 | 3,1 | 3,4 | 3,7 | 4,0 | 4,3 | 4,6 | 4,9 | 5,2 | 5,6 | 5,9 | 6,2 |
| 38 | 0,3 | 0,6 | 1,0 | 1,3 | 1,6 | 1,9 | 2,2 | 2,6 | 2,9 | 3,2 | 3,5 | 3,8 | 4,1 | 4,5 | 4,8 | 5,1 | 5,4 | 5,7 | 6,0 | 6,3 |
| 39 | 0,3 | 0,6 | 1,0 | 1,3 | 1,6 | 2,0 | 2,3 | 2,6 | 3,0 | 3,3 | 3,6 | 3,9 | 4,3 | 4,6 | 4,9 | 5,2 | 5,5 | 5,9 | 6,2 | 6,5 |
| 40 | 0,3 | 0,7 | 1,0 | 1,3 | 1,7 | 2,0 | 2,4 | 2,7 | 3,0 | 3,4 | 3,7 | 4,0 | 4,4 | 4,7 | 5,0 | 5,3 | 5,7 | 6,0 | 6,3 | 6,7 |
| 41 | 0,3 | 0,7 | 1,0 | 1,4 | 1,7 | 2,1 | 2,4 | 2,8 | 3,1 | 3,5 | 3,8 | 4,1 | 4,5 | 4,8 | 5,1 | 5,5 | 5,8 | 6,2 | 6,5 | 6,8 |
| 42 | 0,4 | 0,7 | 1,1 | 1,4 | 1,8 | 2,1 | 2,5 | 2,8 | 3,2 | 3,5 | 3,9 | 4,2 | 4,6 | 4,9 | 5,3 | 5,6 | 6,0 | 6,3 | 6,6 | 7,0 |
| 43 | 0,4 | 0,7 | 1,1 | 1,4 | 1,8 | 2,2 | 2,5 | 2,9 | 3,3 | 3,6 | 4,0 | 4,3 | 4,7 | 5,0 | 5,4 | 5,7 | 6,1 | 6,5 | 6,8 | 7,2 |
| 44 | 0,4 | 0,7 | 1,1 | 1,5 | 1,9 | 2,2 | 2,6 | 3,0 | 3,3 | 3,7 | 4,1 | 4,4 | 4,8 | 5,2 | 5,5 | 5,9 | 6,2 | 6,6 | 6,9 | 7,3 |
| 45 | 0,4 | 0,7 | 1,1 | 1,5 | 1,9 | 2,3 | 2,7 | 3,0 | 3,4 | 3,8 | 4,2 | 4,5 | 4,9 | 5,3 | 5,6 | 6,0 | 6,4 | 6,8 | 7,1 | 7,5 |
| 46 | 0,4 | 0,8 | 1,2 | 1,6 | 1,9 | 2,3 | 2,7 | 3,1 | 3,5 | 3,9 | 4,3 | 4,6 | 5,0 | 5,4 | 5,8 | 6,1 | 6,5 | 6,9 | 7,3 | 7,7 |
| 47 | 0,4 | 0,8 | 1,2 | 1,6 | 2,0 | 2,4 | 2,8 | 3,2 | 3,6 | 4,0 | 4,3 | 4,7 | 5,1 | 5,5 | 5,9 | 6,3 | 6,7 | 7,1 | 7,4 | 7,8 |
| 48 | 0,4 | 0,8 | 1,2 | 1,6 | 2,0 | 2,4 | 2,8 | 3,2 | 3,6 | 4,0 | 4,4 | 4,8 | 5,2 | 5,6 | 6,0 | 6,4 | 6,8 | 7,2 | 7,6 | 8,0 |
| 49 | 0,4 | 0,8 | 1,2 | 1,6 | 2,1 | 2,5 | 2,9 | 3,3 | 3,7 | 4,1 | 4,5 | 4,9 | 5,3 | 5,7 | 6,1 | 6,5 | 6,9 | 7,4 | 7,7 | 8,2 |
| 50 | 0,4 | 0,8 | 1,3 | 1,7 | 2,1 | 2,5 | 2,9 | 3,4 | 3,8 | 4,2 | 4,6 | 5,0 | 5,5 | 5,9 | 6,3 | 6,7 | 7,1 | 7,5 | 7,9 | 8,3 |
| 51 | 0,4 | 0,8 | 1,3 | 1,7 | 2,1 | 2,6 | 3,0 | 3,4 | 3,9 | 4,3 | 4,7 | 5,1 | 5,6 | 6,0 | 6,4 | 6,8 | 7,2 | 7,7 | 8,1 | 8,5 |
| 52 | 0,4 | 0,9 | 1,3 | 1,8 | 2,2 | 2,6 | 3,1 | 3,5 | 3,9 | 4,4 | 4,8 | 5,2 | 5,7 | 6,1 | 6,5 | 6,9 | 7,4 | 7,8 | 8,2 | 8,7 |
| 53 | 0,4 | 0,9 | 1,3 | 1,8 | 2,2 | 2,7 | 3,1 | 3,6 | 4,0 | 4,5 | 4,9 | 5,3 | 5,8 | 6,2 | 6,7 | 7,1 | 7,5 | 8,0 | 8,4 | 8,8 |
| 54 | 0,5 | 0,9 | 1,4 | 1,8 | 2,3 | 2,7 | 3,2 | 3,6 | 4,1 | 4,5 | 4,9 | 5,4 | 5,9 | 6,3 | 6,8 | 7,2 | 7,7 | 8,1 | 8,5 | 9,0 |
| 55 | 0,5 | 0,9 | 1,4 | 1,9 | 2,3 | 2,8 | 3,2 | 3,7 | 4,2 | 4,6 | 5,0 | 5,5 | 6,0 | 6,5 | 6,9 | 7,3 | 7,8 | 8,3 | 8,7 | 9,2 |
| 56 | 0,5 | 0,9 | 1,4 | 1,9 | 2,4 | 2,8 | 3,3 | 3,8 | 4,2 | 4,7 | 5,1 | 5,6 | 6,1 | 6,6 | 7,0 | 7,4 | 7,9 | 8,4 | 8,8 | 9,3 |
| 57 | 0,5 | 0,9 | 1,4 | 1,9 | 2,4 | 2,9 | 3,4 | 3,8 | 4,3 | 4,8 | 5,2 | 5,7 | 6,2 | 6,7 | 7,2 | 7,6 | 8,1 | 8,6 | 9,0 | 9,5 |
| 58 | 0,5 | 1,0 | 1,5 | 2,0 | 2,4 | 2,9 | 3,4 | 3,9 | 4,4 | 4,9 | 5,3 | 5,8 | 6,3 | 6,8 | 7,3 | 7,7 | 8,2 | 8,7 | 9,2 | 9,7 |
| 59 | 0,5 | 1,0 | 1,5 | 2,0 | 2,5 | 3,0 | 3,5 | 4,0 | 4,5 | 5,0 | 5,4 | 5,9 | 6,4 | 6,9 | 7,4 | 7,9 | 8,4 | 8,9 | 9,3 | 9,8 |
| 60 | 0,5 | 1,0 | 1,5 | 2,0 | 2,5 | 3,0 | 3,5 | 4,0 | 4,5 | 5,0 | 5,5 | 6,0 | 6,5 | 7,0 | 7,5 | 8,0 | 8,5 | 9,0 | 9,5 | 10,0 |

| Ablenkungstafel | | Steuertafel | |
|---|---|---|---|
| MgK | Abl | mwK | Abl |
| 000 | −02 | 000 | −02 |
| 010 | +01 | 010 | +01 |
| 020 | +03 | 020 | +03 |
| 030 | +05 | 030 | +05 |
| 040 | +07 | 040 | +06 |
| 050 | +08 | 050 | +07 |
| 060 | +09 | 060 | +08 |
| 070 | +10 | 070 | +09 |
| 080 | +10 | 080 | +10 |
| 090 | +10 | 090 | +10 |
| 100 | +09 | 100 | +10 |
| 110 | +08 | 110 | +09 |
| 120 | +07 | 120 | +08 |
| 130 | +06 | 130 | +07 |
| 140 | +06 | 140 | +06 |
| 150 | +05 | 150 | +05 |
| 160 | +04 | 160 | +05 |
| 170 | +03 | 170 | +03 |
| 180 | +02 | 180 | +02 |
| 190 | +02 | 190 | +02 |
| 200 | +01 | 200 | +01 |
| 210 | −01 | 210 | −01 |
| 220 | −02 | 220 | −02 |
| 230 | −03 | 230 | −03 |
| 240 | −04 | 240 | −04 |
| 250 | −05 | 250 | −06 |
| 260 | −06 | 260 | −07 |
| 270 | −08 | 270 | −09 |
| 280 | −09 | 280 | −10 |
| 290 | −09 | 290 | −10 |
| 300 | −10 | 300 | −10 |
| 310 | −10 | 310 | −09 |
| 320 | −09 | 320 | −08 |
| 330 | −08 | 330 | −07 |
| 340 | −06 | 340 | −05 |
| 350 | −04 | 350 | −03 |
| 360 | −02 | 360 | −02 |

## Navigation / *Navigation*

| | |
|---|---|
| | **Rettungsstelle** *Rescue station* |
| | **Pegel** *Tide gauge* |
| | **Tafel** *Notice board* |
| | **Pfahl, Stange** *Stake, Pole* |
| | **Bake** *Beacon* |
| | **Spitztonne** *Conical buoy* |
| | **Stumpftonne** *Can buoy* |
| | **Kugeltonne** *Spherical buoy* |
| | **Bakentonne** *Pillar buoy* |
| | **Spierentonne, Treibbake** *Spar buoy, Floating beacon* |
| | **Faßtonne** *Barrel buoy* |
| | **Festmachetonne** *Mooring buoy* |
| | **Radarreflektor** *Radar reflector* |

### Leuchtfeuerkennung
*Light description*

| Fl(3) | WRG. | 15s | 21m | 15-11M |
|---|---|---|---|---|
| Blz.(3) | w/r/gn. | 15s | 21m | 15-11sm |

**Tragweite**/*Range*
**Höhe**/*Elevation*
**Wiederkehr**/*Period*
**Farbe**/*Colour*
**Kennung**/*Character*

## Leuchtfeuer / *Lights*

| | | |
|---|---|---|
| LtHo | Lcht-Tm. | **Leuchtturm**/*Lighthouse* |
| Ldg | Rcht-F. | **Richtfeuer**/*Leading lights* |
| Dir | Lt-F. | **Leitfeuer**/*Direction light* |
| Aero | Aero | **Luftfahrtfeuer**/*Aero light* |
| RLts | Warn-F. | **Warnfeuer**/*Air obstruction light* |
| Rear Lt | Ob-F. | **Oberfeuer**/*Rear light* |
| Front Lt | U-F. | **Unterfeuer**/*Front light* |
| in fog | N-F. | **Nebelfeuer**/*Fog light* |
| FogDetLt | SMG N-Such-F. | **Sichtweitenmeßgerät**/*Fog detector light* |
| F | F. | **Festfeuer**/*Fixed* |
| Oc | Ubr. | **Unterbrochen**/*Occulting* |
| Iso | Glt. | **Gleichtakt**/*Isophase* |
| Fl | Blz. | **Blitz**/*Flashing* |
| LFl | Blk. | **Blink**/*Long-flashing* |
| Q | Fkl. | **Funkel**/*Quick* |
| IQ | Fkl. unt. | **Funkel unterbrochen**/*Interrupted quick* |
| VQ | SFkl. | **Schnelles Funkel**/*Very quick* |
| IVQ | SFkl. unt. | **Schnelles Funkel unterbrochen**/ *Interrupted very quick* |
| Mo | Mo. | **Morse**/*Morse* |
| W | w. | **Weiß**/*White* |
| R | r. | **Rot**/*Red* |
| G | gn. | **Grün**/*Green* |
| B | s. | **Schwarz**/*Black* |
| Vi | viol. | **Violett**/*Violet* |
| Y | g., or. | **Gelb, Orange**/*Yellow, Orange* |
| Or | or. | **Orange**/*Orange* |
| M | sm | **Seemeile**/*Sea mile* |
| hor | wgr. | **Waagerecht**/*Horizontal* |
| vert | skr. | **Senkrecht**/*Vertical* |
| occas | ztws. | **Zeitweise**/*Occasional* |
| temp | ztwl. | **Zeitweilig**/*Temporary* |
| intens | vrst. | **Verstärkt**/*Intensified* |
| faint | schw. | **Schwach**/*Faint* |
| obscd | vrd. | **Verdeckt**/*Obscured* |

## Nebelschallsignale / *Fog Signals*

| | | |
|---|---|---|
| Horn | N-S. | **Membransender**/*Horn* |
| Bell | Gl-Tn. | **Glocke**/*Bell* |
| Whis | Hl-Tn. | **Heuler**/*Whistle* |
| Gong | Gong | **Gong**/*Gong* |